하루 한 끼
다이어트 도시락

최승주 지음

맛있는 도시락으로
건강하게 다이어트 하세요

나에게 도시락은 늘 소풍이나 여행을 떠올리게 합니다. 출근길에 차 안에서 먹으려고 주먹밥 몇 개를 도시락에 담아 나설 때면 나들이 가는 기분이 들어 잠시 즐거워지기도 했어요. 밥을 잘 안 먹는 아이를 위해 로보캅이 그려진 도시락에 밥과 반찬을 싸서는 소풍 나온 것처럼 집 앞 벤치에 앉아 다 먹었던 기억도 선명합니다.

요즘은 다이어트와 건강을 위해 도시락을 싸는 사람들이 많아요. 이 책은 영양에 신경 써 400kcal를 넘지 않게 만든 도시락으로 다이어트와 건강한 식습관을 실천할 수 있게 한 책이에요. 칼로리 걱정에 싫은 걸 억지로 먹는 게 아니라 먹는 즐거움을 느낄 수 있으면 좋겠다는 마음으로 재료를 엄선하고 메뉴를 짜 도시락에 담았습니다. 먹으면 속이 편하고 영양을 챙기는 것은 물론, 맛있게 먹으면서 살을 뺄 수 있도록 최소의 양념으로 맛이 나게 조리했어요.

음식에 사용한 재료는 일반적으로 많이 먹는 다이어트 식품을 기본으로 했어요. 그러나 늘 그런 음식만 먹는다면 다이어트가 즐겁지 않을 거예요. 고기는 기름기가 적은 부위를 사용하고 가공식품도 끓는 물에 데쳐 기름과 첨가물을 빼면 다이어트 중에도 충분히 먹을 수 있어요. 통곡물빵에 채소나 치즈를 곁들이면 다이어트 중에 금기시하는 빵에 대한 아쉬움도 달랠 수 있지요. 다양한 음식을 즐기면서 건강하게 살을 뺄 수 있도록 재료와 조리법에 신경 썼어요.

건강하고 속이 편하게 다이어트 하고 싶다면 도시락을 싸보세요. 처음에는 쉽지 않겠지만 하루 이틀 싸다 보면 금세 익숙해질 거예요. 좋은 음식을 담은 도시락 하나가 몸을 변화시키는 멋진 경험을 하게 되기를 바랍니다.

최승주

CONTENTS

Prologue
맛있는 도시락으로
건강하게 다이어트 하세요

PART 1

맛과 칼로리 둘 다 잡는
다이어트 도시락 싸기

슬기로운 다이어트 1
다이어트 도시락을 싸기 전에
1 도시락을 싸면 왜 좋을까? 10
2 어떻게 하면 잘 쌀 수 있을까? 14
3 아침에 빨리 싸는 요령이 있을까? 16
4 매번 비슷한 도시락은 No! 변화가 필요하다 18

슬기로운 다이어트 2
도시락 싸기 좋은 다이어트 식품 20

슬기로운 다이어트 3
배고픔과 스트레스 날리는 고마운 음식 26

슬기로운 다이어트 4
다이어트 효과 높이는 식품 & 양념 사용법 30

슬기로운 다이어트 5
칼로리 걱정 없는 시판 소스 & 양념 34

슬기로운 다이어트 6
다이어트 요리의 기본, 계량하기 36

슬기로운 다이어트 7
다이어트의 시작, 비만도 체크하기 38

슬기로운 다이어트 8
다이어트 도시락을 쌀 때 궁금한 점 Q & A 40

PART 2

가벼운 한 끼 샐러드 도시락

그릭샐러드 44

루콜라대구샐러드 46

아보카도샐러드 48

콜라비연어샐러드 50

고구마달걀샐러드 52

애호박닭고기샐러드 54

파프리카쇠고기샐러드 56

그린리코타샐러드 58

구운가지샐러드 60

구운버섯샐러드 62

브로콜리오징어샐러드 64

두부시금치샐러드 66

PART 3

빵을 좋아한다면 샌드위치 도시락

베이글샌드위치 + 양배추절임 70

브리치즈토스트 + 고구마스프레드 72

치아바타BLT + 블루베리주스 74

호밀빵등심샌드위치 + 토마토주스 76

호밀빵버거 + 버섯스크램블드에그 78

바게트불고기샌드위치 + 파인애플주스 80

통밀빵러스크 + 방울토마토샐러드 82

통곡물빵구이 + 관자토마토수프 84

토르티야치킨랩 + 햄프씨드요구르트 86

토르티야피자 + 과카몰리 88

플레인팬케이크 + 데친 베이컨 90

퀴노아팬케이크 + 삶은 달걀 92

PART 4

한 그릇의 맛과 영양
별식 도시락

연어곤약쌀밥 96
두부구이톳현미밥 98
퀴노아오믈렛 100
새우볶음두부국수 102
콩쇠고기스테이크 104
비빔다시마국수 106
곤드레귀리밥달걀롤 108
어향가지덮밥 110
포두부닭고기말이 112
오징어주키니파스타 114
게살연두부수프 116
단호박죽 118

PART 5

한국인은 밥심
밥+반찬 도시락

돼지고기볶음 도시락 122
귀리고구마밥 + 돼지고기볶음 + 양배추쌈
+ 검은콩곤약조림

마파두부 도시락 124
퀴노아밥 + 마파두부 + 땅콩조림 + 양파피클

되비지탕 도시락 126
현미밥 + 되비지탕 + 오이볶음 + 오징어채볶음

연어구이 도시락 128
퀴노아현미밥 + 연어구이 + 우엉채조림
+ 시래기볶음

새우가지카레 도시락 130
곤약쌀현미밥 + 새우가지카레 + 달걀말이
+ 꽈리고추무침

버섯볶음 도시락 132
콩현미밥 + 버섯볶음 + 마늘종장아찌

오징어간장볶음 도시락 134
표고버섯현미밥 + 오징어간장볶음 + 애호박구이

PART 6

도시락 싸기 좋은 저장 반찬 & 스피드 반찬

쇠고기찹스테이크 도시락 136
귀리밥 + 쇠고기찹스테이크 + 연근조림

오징어초무침 도시락 138
귀리밥 + 오징어초무침 + 미역줄기볶음
+ 달걀반숙장조림

안심양배추롤 도시락 140
톳현미밥 + 안심양배추롤 + 어묵볶음

닭카레볶음 도시락 142
곤약쌀현미밥 + 닭카레볶음 + 미역무침
+ 멸치볶음

참치된장무침 도시락 144
귀리고구마밥 + 참치된장무침 + 쇠고기장조림

저장 반찬
멸치볶음 148
오징어채볶음 149
쇠고기장조림 150
달걀반숙장조림 151
우엉채조림 152
연근조림 153
땅콩조림 154
검은콩곤약조림 155
마늘종장아찌 156
양파피클 157
시래기볶음 158
미역줄기볶음 159

스피드 반찬
애호박구이 160
두부구이 161
달걀말이 162
어묵볶음 163
표고버섯볶음 164
오이볶음 165
꽈리고추무침 166
미역무침 167

Cooking rice
다이어트에 좋은 밥 짓기 168

찾아보기 172

PART 1

맛과 칼로리 둘 다 잡는
다이어트 도시락 싸기

다이어트 도시락은 영양도 챙기고 칼로리도 따져야 하지만 맛이 없으면 지속하기 힘들다. 재료 선택부터 조리법, 시판 제품 활용까지 맛있으면서 칼로리 걱정 없는 도시락 싸기 노하우를 살펴본다. 기억해두면 완벽한 다이어트 도시락을 손쉽게 쌀 수 있다.

슬기로운 다이어트
①

이것만은 알고 준비해요
다이어트 도시락을 싸기 전에

1

도시락을 싸면 왜 좋을까?

'오늘은 뭘 먹지?' 점심시간이면 메뉴 고르는 재미가 쏠쏠하지만, 먹고 나서 후회하기도 해요. 나만의 맞춤 도시락을 준비하면 좋은 점이 많아요. 자극적인 외식이 줄어 다이어트는 물론 건강에도 도움이 됩니다.

나에게 알맞은 식사량을 정확히 알 수 있어요

사 먹는 음식은 식사량을 가늠하기 어려운 데 비해, 도시락은 정해진 양을 먹기 때문에 과식을 피할 수 있다. 특히 다이어트 도시락은 섭취해야 할 칼로리를 계산해 준비하므로, 자신에게 알맞은 한 끼 식사량을 정확히 알 수 있다. 섭취 칼로리는 기초대사량과 활동량을 고려해 정한다. 활동량이 많은 사람과 그렇지 않은 사람은 필요한 섭취 칼로리가 다르다. 도시락을 싸기 전에 본인의 활동량을 체크하고, 그 활동량에 맞춰 섭취 칼로리를 계산한다.

자극적인 음식을 멀리하게 돼요

햄버거, 돈가스, 짜장면 등의 외식 메뉴는 이름만 들어도 군침이 돈다. 하지만 이런 음식은 칼로리가 높을 뿐 아니라 금방 중독되어 자꾸 찾게 된다. 자극적인 외식은 가끔 먹는 특별식 정도로 제한하는 것이 좋다. 집에서 준비한 도시락을 먹다 보면 외식을 자연히 멀리하게 되어 건강에도 좋고 다이어트도 된다.

다이어트 도시락은 맛과 영양은 물론 칼로리까지 신경 써야 해 준비하기 어렵다고 느껴질 수 있어요. 하지만 몇 가지만 기억하면 걱정 없어요. 조리 시간을 줄이는 요령, 메뉴 변화 주기 등 다이어트 도시락을 쉽고 맛있게 준비하는 요령을 소개합니다.

건강한 식습관이 몸에 배요

외식을 자주 하다 보면 단맛, 짠맛에 입맛이 길들여지고 섭취 칼로리도 높아질 수밖에 없다. 도시락을 싸면 기름기가 적은 재료로 튀기거나 볶기보다 데치거나 찌는 방법으로 조리해 칼로리를 낮추면서 포만감을 줄 수 있다. 소화가 잘되고 자극적이지 않아 속이 편하고, 식사 후 단맛 나는 디저트를 찾게 되지도 않는다. 이런 식생활이 반복되면 건강한 식습관이 몸에 밴다.

좋아하는 메뉴를 마음대로 즐길 수 있어요

점심시간이면 늘 하는 고민이 '오늘은 뭘 먹을까?'이다. 외식 메뉴는 종류가 많은 것 같지만 막상 고르려고 하면 늘 비슷하다. 몇 가지 음식을 돌아가며 먹게 되어 때로는 지겹기도 하다. 도시락을 싸면 원하는 메뉴를 마음대로 즐길 수 있다. 좋아하는 음식, 색다른 음식 등 다양한 음식을 먹을 수 있어 맛은 물론 영양 면에서도 유익하다.

다이어트 중임을 잊지 않게 해요

다이어트를 잘 하다가도 어쩌다 햄버거나 치킨을 먹었다가는 도로 원상태로 돌아가고 만다. 이처럼 한 번의 유혹을 못 이겨 다이어트에 실패한 경험이 누구나 있을 것이다. 칼로리에 신경 쓰며 도시락을 싸다 보면 지금 자신이 다이어트를 위해 얼마나 애쓰고 있는지 잊지 않게 된다. 또 외식을 해도 메뉴 선정과 먹는 양에 더 신경 쓰게 된다.

✓ 도시락과 비교해보세요
직장인의 인기 외식 칼로리

직장인이 즐겨 먹는 점심 칼로리

김치찌개	543kcal(밥 포함)
된장찌개	450kcal(밥 포함)
순두부찌개	415kcal(밥 포함)
부대찌개	653kcal(밥 포함)
뚝배기불고기	432kcal(밥 포함)
설렁탕	445~550kcal(밥 포함)
콩나물국밥	403kcal(밥 포함)
비빔밥	500~700kcal
회덮밥	400~600kcal
해물칼국수	500~550kcal
냉면	500~650kcal
냉메밀국수	450kcal
짜장면	797kcal
짬뽕	470kcal
돈가스	600kcal
피자(레귤러 2조각)	500kcal
햄버거	317~619kcal
떡볶이	650kcal
김밥	320~480kcal
편의점 도시락	600~800kcal

고칼로리 외식 메뉴 20

1 돼지고기수육	1206kcal
2 감자탕	960kcal
3 돼지갈비구이	941kcal
4 삼계탕	918kcal
5 잡채밥	885kcal
6 잣죽	874kcal
7 크림소스스파게티	838kcal
8 간짜장	825kcal
9 훈제오리	797kcal
10 짜장면	797kcal
11 제육덮밥	782kcal
12 잡탕밥	777kcal
13 볶음밥	773kcal
14 해물덮밥	772kcal
15 꼬리곰탕	766kcal
16 떡갈비	762kcal
17 치즈돈가스	755kcal
18 김치볶음밥	755kcal
19 오므라이스	730kcal
20 삼겹살구이	700kcal

* 1인분 기준이며, 재료와 조리법, 양에 따라 차이가 있을 수 있다.

2 어떻게 하면 잘 쌀 수 있을까?

**좋아하는 재료를
적극 활용해요**

좋아하는 재료만으로 도시락을 싸면 칼로리와 영양을 맞추기 어렵다. 반대로 좋아하지 않는 재료를 다이어트에 도움 된다거나 칼로리가 낮다고 무조건 사용하면 맛이 없어 먹기 싫어질 수 있다. 다이어트를 지속적으로 하려면 좋아하는 재료와 꼭 필요한 재료를 적절히 섞어 이용한다.

**도시락에 맞는
조리법을 사용해요**

도시락은 만들어 몇 시간 후에 먹는 것이니, 쉽게 상하지 않고 식어도 맛이 변하지 않도록 재료 선택과 조리법에 신경 쓴다. 기름을 적게 쓰고 자극적인 양념을 줄이면서 재료의 맛을 살리는 조리법을 사용한다. 칼로리를 낮추려면 튀기거나 볶는 방법보다 찌거나 삶는 방법이 좋다.

**맛과 영양의
균형을 맞춰요**

칼로리에 너무 집착하면 맛이 없어 먹지 못하는 일이 생길 수 있다. 이런 일이 반복되면 영양의 균형이 깨지기 쉽다. 또 지나치게 싱거운 음식은 많이 먹어도 허기가 느껴질 수 있다. 간을 하지 않아도 되는 음식과 양념을 적당히 해야 맛있는 음식을 구분해 조리한다. 영양 균형도 신경 쓴다. 고기요리는 채소를 곁들여 싸고, 채소샐러드를 준비했다면 단백질 식품인 고기나 해산물 등을 함께 싼다.

**일주일 단위로
메뉴를 짜고 장을 봐요**

매일 도시락 메뉴를 정하는 것도 고민이다. 우선 먹고 싶은 음식이 뭔지, 어떤 식품을 보충해야 하는지만 정해져도 밥과 반찬으로 구성할지, 샌드위치나 샐러드로 준비할지 등 방향이 잡힌다. 이렇게 방향을 잡고 나면 일주일치 메뉴를 쉽게 짤 수 있다. 식단에 맞춰 일주일치 장을 한꺼번에 보면 시간과 비용이 절약된다.

메뉴 선정부터 재료 준비, 조리법 등 다이어트 도시락을 싸는 일은 간단하지 않아요. 요령을 알면 쉽게 쌀 수 있어요. 일주일 단위로 계획을 세워 차근차근 준비하세요.

아침에 빨리 싸려면 준비가 중요해요

도시락을 빨리 싸려면 준비가 필요하다. 재료는 바로 쓸 수 있게 손질해두고, 밑반찬은 미리 만들어 밀폐용기에 담아놓는다. 아침에 별다른 조리를 하지 않고 담기만 하면 될 정도로 준비해놓으면 도시락 싸기가 한결 쉬워진다.

✓ 이렇게 조리해요

칼로리 낮추는 볶기 & 튀기기 & 양념하기

볶기 & 굽기
- 팬을 뜨겁게 달군 후 기름 대신 물을 넣어 볶는다.
- 고기나 채소는 살짝 데쳐서 볶으면 기름을 적게 흡수한다.
- 기름을 두르고 굽기보다 직화로 굽는다.
- 짧은 시간에 익혀 흡수되는 기름의 양을 줄인다.
- 볶거나 구울 재료를 잘게 잘라 전자레인지로 익힌다. 에어프라이어를 이용해도 좋다.

튀기기
- 튀김옷은 기름을 많이 흡수한다. 가능하면 튀김옷을 입히지 않고 튀기는 것이 좋다.
- 바삭한 튀김옷을 입혀야 할 경우 빵가루보다는 식빵을 부수어 사용하면 기름을 훨씬 덜 흡수한다.
- 튀기는 시간을 짧게 해 두 번 재빨리 튀겨내면 기름 흡수를 줄일 수 있다.
- 기름에 닿는 표면적을 줄이기 위해 재료를 큼직하게 자른다.

양념하기
- 양념은 정확하게 계량해 넣는다. 되도록 싱겁고 담백하게 조리한다.
- 식초를 활용한다. 새콤한 맛을 더하면 간이 약해도 맛있다.
- 설탕 대신 올리고당을 사용하거나 양파를 갈아 넣는다.
- 샐러드드레싱을 만들 때 기름의 양을 줄이고 마늘이나 레몬즙 등을 넣어 맛을 낸다.

3
아침에 빨리 싸는 요령이 있을까?

자주 사용하는 부재료와 양념을 썰어서 한데 담아놓는다. 부재료를 손질하고 양념을 꺼내는 시간을 줄일 수 있다.

양상추나 상추, 시금치 등의 잎채소는 씻어 물기를 뺀 후, 종이타월을 깔고 담아 냉장 보관한다. 잎이 물러지는 속도를 줄일 수 있다.

브로콜리나 시금치 등은 미리 데쳐 놓아도 맛의 변화가 적다. 통에 담아 냉장 보관한다.

버섯은 데쳐 한 번에 먹을 만큼씩 비닐 랩에 싸서 냉장 보관한다.

바쁜 아침에 도시락까지 싸려면 시간에 쫓기게 돼요. 재료를 미리 손질해두면 도시락 싸는 시간이 절반 이상 줄어들어요. 데치거나 양념해놓는 등 똑똑한 재료 준비가 도시락 싸기의 시작입니다.

단호박이나 고구마 등은 삶아서 한 번에 먹을 만큼씩 나눠 비닐봉지에 담아 놓는다.

미역이나 다시마 같은 해조류는 염분을 뺀 후, 한 번에 먹을 만큼씩 통에 담아 냉장 보관한다. 무치거나 국을 끓일 때 손쉽게 쓸 수 있다.

콩은 삶기 전에 미리 불려두어야 한다. 불린 콩을 한 번에 먹을 만큼씩 나눠서 밀폐용기에 담아 냉장 보관한다.

고기는 양념해 통에 담아놓는다. 고기에 양념이 배어 맛도 좋아지고, 조리시간도 줄어든다.

4
매번 비슷한 도시락은 No! 변화가 필요하다

샐러드에 고기나 해산물로 변화를 줘요
다이어트 샐러드 하면 채소와 닭가슴살, 삶은 달걀로 이뤄진 것이 대부분이다. 닭가슴살 대신 구운 고기나 데친 오징어, 새우살, 훈제 연어 등으로 변화를 주면 훨씬 다양한 샐러드를 즐길 수 있다. 자극적이지 않은 소스 하나 곁들이면 나들이 도시락 못지않다. 단, 칼로리를 고려해 양 조절을 잘 하는 것이 중요하다.

샌드위치나 토스트로 든든하고 간편하게 즐겨요.
샌드위치를 통곡물빵으로 만들면 칼로리 걱정을 덜면서 맛과 영양을 챙길 수 있다. 요즘에는 다양한 통곡물빵이 나와 있어 필요한 빵을 쉽게 살 수 있다. 간편하게 먹을 수 있고 속도 든든한 샌드위치 도시락으로 입맛에 맞는 다이어트식을 준비해 보자. 브런치 스타일의 도시락으로 가끔 기분전환을 한다.

여러 가지 잡곡을 활용해요
다이어트 중에는 현미밥을 많이 먹는데, 현미뿐 아니라 귀리, 콩 등으로 변화를 주면 더 좋다. 현미는 일반 현미보다 발아현미가 더 맛이 부드럽고 소화가 잘된다. 귀리는 거친 맛은 있지만, 씹을수록 구수하고 장운동도 돕는다. 콩은 단백질 보충에 좋고 속을 든든하게 한다.

고구마, 달걀, 토마토 등 매번 비슷한 재료로 싼 도시락이라면 계속 먹기 힘들어요. 지속적인 다이어트를 위해서 변화가 필요합니다. 식재료를 달리하거나 조리법을 바꾸는 등 더하기와 빼기를 적절히 하면 다양한 도시락을 쌀 수 있어요.

출출함을 달래줄 간식도 챙겨요

식사량을 줄이면 다음 식사 때가 되기도 전에 허기가 지고 짜증이 나기도 한다. 이럴 때 허기를 달랠 수 있는 군것질거리가 필요하다. 피망이나 셀러리 등으로 만든 채소스틱, 견과류, 삶아 튀긴 콩 같은 간식을 준비해 그 날 그 날 도시락에 어울리게 챙긴다.

✓ 집에서 만들어요

간식도 지혜롭게~ 볶은 잡곡 3가지

율무, 귀리, 콩 등을 볶으면 간식으로 좋다. 반나절 정도 물에 불린 후, 약한 불에서 달군 팬에 기름 없이 볶는다. 너무 센 불에 볶으면 탈 수 있다. 한 번에 한 컵 정도 볶아 1주일 안에 먹는다.

볶은 율무 자양강장 효과가 있는 율무는 이뇨와 미용에도 좋은 것으로 알려졌다. 한 번에 너무 많은 양을 먹는 것은 피한다. 뜨거운 물을 부어 차로 마셔도 좋다.

볶은 귀리 귀리는 질감이 거칠지만, 물에 담가 불려서 볶으면 진한 갈색이 돌면서 구수한 향이 진하게 난다. 출출할 때 한 숟가락 덜어 한두 알씩 입에 넣고 씹어 먹는다.

볶은 검은콩 검은콩은 물에 담가 불린 후 한 번 삶아 볶아야 고소하고 딱딱하지 않아 먹기 좋다. 집에서 시판하는 것처럼 만들기는 어렵지만, 간식으로 먹기에는 무난하다.

슬기로운 다이어트 ②

냉장고에 늘 있으면 좋아요
도시락 싸기 좋은 다이어트 식품

두부·연두부
두부 100g 79kcal, 연두부 100g 41kcal

'밭에서 나는 쇠고기'라 불리는 콩을 가공한 두부는 맛있고 소화도 잘된다. 단백질 함량이 고기와 맞먹고 칼슘도 풍부해, 고기의 섭취를 줄여야 할 경우에 대체 식품으로 좋다. 생리활성을 돕는 물질인 이소플라본은 여성 호르몬인 에스트로겐과 비슷한 기능을 한다.
칼로리는 연두부가 낮지만, 칼슘 함량은 일반 두부가 높다. 콩을 두부로 만들 때 비타민 B군이 손실되기 때문에 두부를 먹을 때 채소를 곁들이면 좋다.

달걀
100g 150kcal

달걀은 단백질만 보면 완전식품에 가까울 만큼 우수한 식품이다. 달걀의 흰자위에는 알부민이 들어있고, 노른자위에는 비텔린 등 생명 합성의 기본 물질인 양질의 단백질이 들어있다. 특히 노른자위는 레시틴이 많아 간에 쌓이기 쉬운 지방을 제거하지만, 콜레스테롤이 많아 주의해야 한다.
달걀은 삶아 먹는 것이 좋다. 포만감이 오래 가 완숙의 경우 위에 3시간 정도 머물고, 프라이는 2시간 30분 정도, 반숙은 1시간 30분 정도 머문다.

도시락 싸기 좋고 다이어트에도 도움 되는 식재료를 모았어요. 냉장고에 떨어지지 않게 늘 채워두면 식사로, 간식으로, 반찬으로 활용하기 좋아요. 맛있게 먹으면서 살을 빼는 슬기로운 다이어트의 첫 걸음이죠. 100g당 칼로리를 알아두면 양 조절하기도 좋아요.

닭가슴살
생 닭가슴살 100g 109kcal, 구운 닭가슴살 100g 165kcal

닭고기 중에서 닭가슴살은 다이어트에 가장 효과가 좋은 부위다. 지방이 적고, 맛이 담백하며, 소화 흡수가 잘되고, 조리법만 살짝 바꿔도 맛이 달라지기 때문이다. 탄수화물은 없고 단백질은 풍부해 근육운동을 할 때 좋다. 특히 메티오닌을 비롯한 필수 아미노산이 쇠고기보다 풍부하다.
닭가슴살로 만든 시판 제품도 많지만, 집에서도 쉽게 조리할 수 있다. 끓는 물에 레몬이나 양파 등을 넣어 삶거나, 달군 팬에 올리브오일을 조금 두르고 통후추를 넣어 구우면 맛있게 즐길 수 있다.

토마토
100g 14kcal

토마토는 고기요리나 생선요리에 곁들이면 좋다. 소화를 돕고, 위의 부담을 덜어주며, 산성식품을 중화하는 작용을 한다. 루틴이 많이 들어있어 혈관을 튼튼하게 하고, 붉은 색소인 리코펜은 노화를 예방한다. 같은 양일 경우 방울토마토가 일반 토마토보다 식이섬유가 많다. 대추 모양으로 생긴 방울토마토로 소스를 만들면 진한 맛을 얻을 수 있다.

브로콜리

100g 28kcal

브로콜리는 비타민 C, 베타카로틴 등 항산화물질이 풍부해 우리 몸에 쌓인 노폐물과 유해물질을 없애기 때문에 성인병 예방에 도움이 된다. 칼륨이 많고, 식이조절이 필요한 사람에게 유익한 크롬도 들어있다. 칼로리가 낮아 체중 감량에도 좋다.
줄기에 영양소가 많으므로 잘라버리지 말고 다 먹는다. 데쳐서 고추장에 찍어 반찬으로 먹어도 좋고, 우유를 넣어 수프를 끓이거나 샐러드를 만들어도 맛있다.

피망·파프리카

청피망 100g 17kcal, 홍피망 100g 24kcal, 파프리카 100g 20kcal

샐러드에는 단맛이 많은 파프리카를, 반찬용 볶음에는 아삭한 피망을 많이 사용하는데, 영양소는 둘 다 비슷하다. 비타민의 보석이라고 불리고 항산화성분이 많고 칼륨도 많아 나트륨과 노폐물의 배출을 돕는다. 평소 잘 붓거나 몸이 푸석푸석하다고 느껴질 때 파프리카를 잘라 먹으면 좋다.
파프리카는 색깔에 따라 칼로리와 단맛의 정도가 다르다. 주황색이 칼로리가 가장 높고 다음은 노란색, 빨간색 순이다. 피망은 단맛은 덜하지만, 향이 진하고 비타민 C가 많다.

단호박

100g 70kcal

단호박은 삶아서 그냥 먹어도 맛있고, 수프로 끓여 먹어도 맛있다. 삶거나 찌기 전에 깨끗하게 씻어 껍질째 먹는 것이 좋다. 단맛이 좋은 데 비해 칼로리가 높지 않고, 식이섬유가 풍부해 소화를 돕는다. 비타민 A가 많이 들어있는데, 흡수율을 높이려면 익힌 후 올리브오일을 살짝 뿌려 먹는다. 단호박의 노란색 성분은 베타카로틴 색소로 혈당 수치를 낮추고 복부지방의 합성을 줄인다. 복부 비만이 걱정된다면 간식으로 가끔 먹어도 좋다.

고구마

생고구마 100g 128kcal, 찐 고구마 100g 125kcal

고구마는 알칼리성 식품으로 나트륨을 배출하는 칼륨이 많다. 저염식을 해야 하는 다이어트 중에 도움이 된다. 고구마를 잘랐을 때 나오는 하얀 액체는 야라핀이라는 수지배당체 성분으로, 변비를 예방하고 장의 운동을 돕는다. 식이섬유도 풍부하다.

고구마는 굽는 것보다는 쪄서 먹는 것이 칼로리가 더 낮다. 포만감을 주어 식사대용으로 많이 먹지만, 칼로리가 높은 편이라 먹는 양에 신경 써야 한다.

버섯

표고버섯 100g 38kcal, 느타리버섯 100g 25kcal, 새송이버섯 100g 24kcal

칼로리가 낮은 식품이라 다이어트 때뿐만 아니라 평소 식탁에도 자주 올리면 좋다. 버섯마다 독특한 향과 맛이 나는데, 구아닐산이라는 감칠맛 내는 성분으로 특히 표고버섯에 많이 들어있다. 구아닐산은 콜레스테롤을 줄이는 작용을 해, 고혈압이나 심장병이 있어 다이어트를 해야 하는 사람에게 아주 좋다. 밥 지을 때 넣으면 불필요한 칼로리를 줄일 수 있다. 기름에 볶아 반찬으로 만들어 먹으면 맛있고 말린 버섯을 갈아 양념으로 사용해도 좋다.

해조류

생미역 100g 22kcal, 생다시마 100g 19kcal

미역, 다시마, 톳 등의 해조류는 다이어트 중에 자주 먹어야 할 식품이다. 특히 강한 알칼리성이라 산성인 쌀이 주식인 우리 식탁에 더없이 좋은 식재료. 쌀 140g을 중화하는 데 2g 정도의 미역이면 충분하다. 다시마는 바다의 채소라 불리며 칼륨, 칼슘, 요오드가 풍부해 다이어트 중에 생길 수 있는 빈혈을 예방하는 데 좋다. 미역이나 다시마, 톳 등을 조리할 때는 먼저 물에 담가 짠맛을 충분히 우려내야 염분 섭취를 줄일 수 있다.

콩

100g 400kcal

콩은 식물성 식품으로는 특이하게 필수 아미노산이 고기만큼 풍부하다. 다이어트 중이라면 고기 대신 콩을 먹거나 고기 양을 줄이고 콩을 더하는 방법을 추천한다. 콩의 지방은 약 50%가 리놀산이고, 리놀렌산이 6%이다. 이런 불포화지방산은 콜레스테롤을 없애는 역할을 한다. 비만인 사람들은 콜레스테롤 수치도 높은 경우가 많아 콩으로 만든 음식이 도움이 된다.

두부는 반찬으로뿐 아니라 그냥 먹거나 갈아서 음료로 마셔도 된다. 밥 지을 때 넣어도 좋다.

현미·발아현미

100g 360kcal

현미는 백미보다 미네랄과 비타민이 많다. 쌀눈과 껍질에는 단백질이 많이 들어있고, 비타민과 식이섬유가 풍부해 포만감도 준다. 쌀밥 1공기와 현미밥 2/3공기의 포만감이 비슷하다. 현미에 싹을 틔운 발아현미는 현미에 비해 소화 흡수가 잘된다. 쌀의 영양소를 고스란히 먹을 수 있을 뿐 아니라 싹이 나면서 인, 비타민, 식이섬유, 항산화물이 증대된다.

현미밥은 백미밥보다 거칠어서 처음에는 먹기 힘들 수 있다. 쌀과 반반 섞어 지어 먹다가 점차 현미의 양을 늘려가는 것이 좋다.

귀리

100g 371kcal

질감이 거칠지만, 단백질이 쌀의 2배이고 필수 아미노산인 라이신과 칼슘이 풍부하다. 칼로리가 낮아 밥을 지을 때 쌀과 반반씩 섞어 지으면 씹는 맛이 좋아지면서 칼로리를 줄일 수 있다.

타임지에서 10대 슈퍼 푸드로 선정한 귀리는 콜레스테롤을 줄이는 수용성 식이섬유가 풍부하고 폴리페놀처럼 항산화성분도 풍부해, 다이어트뿐 아니라 성인병 예방에도 좋다. 베타글루간 성분은 장의 활성을 도와 다이어트 중에 생길 수 있는 변비를 예방한다.

견과류

호두 100g 652kcal, 아몬드 100g 597kcal, 땅콩 100g 567kcal

아몬드나 땅콩, 호두 등의 견과류는 배가 출출하거나 입이 심심할 때 조금만 먹어도 허기를 달래준다. 하지만 무심코 먹다 보면 생각보다 많은 양을 먹게 되므로 주의해야 한다. 견과류는 칼로리가 높아 호두 5개(16g) 95kcal, 아몬드 10개(10g) 60kcal, 땅콩 20개(15g) 60kcal다. 하루에 호두는 5~6개, 아몬드는 10개, 땅콩은 20개를 넘지 않는 것이 좋다. 한 가지만 골라 양을 지켜 먹는다. 견과류는 불포화지방산이 많아 심장병과 고혈압 예방에도 좋다.

우유

100mL 60kcal

영양소를 고루 갖춘 이상적인 식품 중의 하나다. 우유에 들어있는 단백질은 우리 몸에 필요한 8가지 필수 아미노산을 모두 가지고 있고, 지방도 소화 흡수가 잘된다. 칼슘도 풍부해 다이어트 중에는 특히 골다공증 예방을 위해 매일 마시기를 권한다.
우유는 찬 우유를 벌컥벌컥 마시기보다 입에 머금고 씹어 먹듯이 먹는 것이 좋다. 소화에 도움이 되고, 고소한 맛도 즐길 수 있다. 요즘은 저지방, 고칼슘 등 기능을 더한 우유도 많아 선택의 폭이 넓다.

플레인 요구르트

100g 103kcal

요구르트는 장의 기능을 원활하게 하는 식품으로 손꼽힌다. 요구르트에 들어있는 젖산균은 우리 몸에 이로운 미생물의 성장을 돕고, 해로운 독성 물질의 성장을 억제한다. 다이어트 중에 식사량이나 음식의 종류를 제한하다 보면 장의 운동이 원활하지 못하고 장내 건강 상태가 나빠질 수 있는데, 요구르트를 먹으면 이를 예방하는 데 도움이 된다. 떠먹는 요구르트가 마시는 요구르트보다 칼로리는 조금 높지만 칼슘 함량이 많다.

슬기로운 다이어트
3

다이어트가 즐거워져요
배고픔과 스트레스 날리는 고마운 음식

되비지
밥으로, 간식으로 좋아요

콩은 다이어트 중에 낮은 칼로리로 양질의 단백질을 섭취할 수 있는 식품이다. 삶은 콩을 간 되비지는 여러모로 유용하다. 반 컵 정도 덜어 밥 대신 먹거나, 출출함이 느껴질 때 한두 숟가락 덜어 간식으로 먹는다. 되비지로 찌개를 끓여도 맛있다. 한 번 만들 때 불린 콩 1컵 정도로 만들어 3~4회 나눠 먹는다.

리코타 치즈
우유를 더 맛있게 먹어요

단백질, 칼슘 등이 풍부한 우유를 매일 마시면 좋은데, 리코타 치즈로 만들면 먹기가 더 좋다. 부드럽고 고소해 그냥 먹어도 맛있고, 샐러드에 넣거나 디저트에 이용해도 좋다. 리코타 치즈는 우유에 생크림, 레몬즙 등을 넣어 끓이다가 건져서 굳혀 만든다. 생크림이 없으면 우유로만 만들어도 된다. 집에서 직접 만들면 소금이나 설탕을 넣지 않을 수 있어 더 좋다.

다이어트를 하면 허기도 지고 스트레스도 많아요. 칼로리 걱정 없이 먹을 수 있는 음식이 필요하죠. 배고픔을 달래고 스트레스도 풀 수 있는 비장의 음식을 알려드립니다. 냉장고에 넣어두고, 집에서도 먹고 도시락에도 챙겨요.

깻잎 페스토
색다른 맛을 즐길 수 있어요

향이 좋아 심심한 음식에 질릴 때 먹으면 기분 전환이 된다. 깻잎 50장에 마늘 5쪽과 올리브오일 1/2큰술, 약간의 소금을 넣고 곱게 갈면 딥 소스나 파스타 소스, 구이 양념 등으로 이용할 수 있다. 깻잎은 시금치보다 철분이 많아 식사량을 조절하면서 생길 수 있는 빈혈이나 현기증을 예방할 수 있다. 칼슘 등의 미네랄과 비타민도 풍부해 고기나 해산물과 함께 먹으면 영양이 보완된다.

다진 청양고추
매운 맛이 스트레스를 날려요

청양고추를 씨까지 곱게 다지거나 갈아 냉장고에 넣어두면 유용하다. 음식 만들 때 조금씩 넣으면 칼칼함이 더해져 간을 약하게 해도 맛있게 먹을 수 있을 뿐 아니라, 스트레스를 받았을 때 음식에 넣어 매운 맛을 즐길 수 있다. 냉동실에 넣어둘 때는 한 숟가락 정도씩 덜어 얼린다. 반찬, 볶음밥, 샐러드드레싱 등에 두루 활용할 수 있다.

abc주스
건강을 한 번 더 챙겨요

사과와 당근, 비트를 1:1:0.3 비율로 간 abc주스는 몸속의 독소와 노폐물을 배출해 피부를 맑게 하고 장운동을 돕는다. 간식으로 마셔도 좋고, 식전에 먹으면 효과가 더 크므로 식사 전에 마시는 것도 좋다. 한 잔 마시면 속이 든든해 식사량도 조절할 수 있다.

채소스틱
출출함을 달래고, 수분도 보충해요

파프리카, 당근, 셀러리 등의 채소는 생으로 먹어도 맛있다. 막대 모양으로 썰어놓고 입이 심심하거나 출출할 때 먹으면, 입 안이 개운해지고 수분 보충도 된다. 비타민과 미네랄이 풍부하고, 식이섬유가 많아 포만감이 느껴지므로 허기를 달랠 수 있다.

볶은 북어채
바삭바삭 씹는 즐거움이 있어요

북어는 지방은 적고 단백질은 많은 영양 식품이다. 물에 담가 짠맛을 빼고 팬에 볶거나 에어프라이어에서 수분을 날려 바삭하게 만들면 과자처럼 먹을 수 있다. 다이어트 중에 금기해야 하는 쿠키 등을 대신하기에 부족하지 않다. 단, 한 번 먹을 때 가볍게 한 줌 집은 정도를 넘기지 않는다.

견과류볼
단맛이 당길 때 먹으면 보상이 돼요

아몬드와 호두를 굵게 다져 올리고당에 버무린 후, 한입 크기로 나눠 냉장고에 넣어 굳히면 달달하고 고소한 간식이 된다. 다이어트 중 스트레스가 많이 쌓이거나 우울한 기분이 들 때, 단맛이 당기고 뭔가 씹고 싶을 때 스스로에게 주는 보상으로 먹으면 좋다. 단, 칼로리가 높아 먹는 양에 신경 써야 한다.

✓ **이런 식품을 활용해요**

맛있고 간편한 Hit 다이어트 식품

요즘엔 간편하게 조리할 수 있는 다이어트 식품이 많다. 맛있는 음식을 손쉽게 만들 수 있어 다이어트를 한결 편하게 할 수 있다. 맛은 살리면서 칼로리는 줄이고 영양까지 챙길 수 있다.

다시마국수 향료나 밀가루 등의 첨가물을 넣지 않고, 다시마를 말리고 갈아서 압축해 만든 국수다. 다시마보다 식이섬유가 많고, 영양소도 더 많이 섭취할 수 있다. 180g 1봉지의 칼로리가 19kcal다. 삶을 필요 없이 생수에 헹구면 된다.

곤약쌀 곤약은 영양가가 없지만 칼로리도 거의 없는 식품이다. 쌀밥 100g이 146kcal, 현미밥 100g이 71kcal인 반면 곤약쌀 100g의 칼로리는 12kcal 정도다. 마른 상태로 파는 것보다 정제수에 담겨 있는 것을 구입하는 것이 좋다.

포두부 두부를 압착해 만든 것으로, 콩에 들어있는 영양소를 모두 섭취할 수 있고 소화 흡수도 잘돼 다이어트 식품으로 좋다. 고기나 채소를 싸먹거나 말이 재료로, 국수로 다양하게 활용된다. 볶거나 무쳐도 붙지 않아 도시락을 싸기에 좋다.

슬기로운 다이어트 ④

살 빠지는 재료는 따로 있어요
다이어트 효과 높이는 식품 & 양념 사용법

쇠고기는 등심을 사용해요

쇠고기는 지방과 콜레스테롤이 적고 빈혈 예방에 좋은 등심을 쓴다. 익은 후의 칼로리도 등심이 가장 낮고 다음이 사태, 채끝, 안심, 갈비 등의 순이다. 달군 팬에 구워 기름기를 빼고 먹는 것이 좋으며, 구울 때 양파나 마늘 등을 곁들이면 연육 효과도 있고 고기 맛도 좋아진다.

돼지고기는 안심을 사용해요

돼지고기 역시 지방과 콜레스테롤이 많은 부위를 피하는 것이 좋다. 안심을 사용한다. 구웠을 때 안심의 칼로리가 제일 낮고 다음이 등심, 사태, 삼겹살, 갈비 순이다. 안심에는 신체 대사를 돕는 니아신도 다른 부위보다 많이 들어있다.

메추리알보다 달걀이 좋아요

손질해 파는 메추리알은 손쉽게 조리할 수 있어 편리하지만, 다이어트 중에는 메추리알보다 달걀을 이용하는 것이 좋다. 메추리알 100g은 82kcal, 달걀 100g은 75kcal로 달걀이 칼로리가 더 낮다. 달걀에는 비타민 C와 철분이 들어있지 않아 피망이나 브로콜리, 부추, 깻잎 등의 채소를 곁들여 먹는 것이 좋다.

다이어트식이라고 양이 적거나 맛없게 먹으면 안 되죠. 같은 고기라도 칼로리가 낮은 부위를 사용하면 더 많이 먹을 수 있고, 고추장 대신 고춧가루를 사용하면 칼로리를 낮추면서 매운 맛을 낼 수 있어요. 재료를 지혜롭게 고르고 조리하면 도시락을 더 맛있게 쌀 수 있습니다.

감자보다 고구마를 가까이 해요

고구마는 감자에 비해 칼로리는 높지만(100g당 감자 72kcal, 고구마 100kcal), 식이섬유가 훨씬 많고 GI 지수(혈당지수)가 낮다. 다이어트 중에는 감자보다 고구마를 먹는 것이 더 낫다. 생으로 먹거나 구워 먹는 것보다 쪄서 껍질째 먹는 것이 식이섬유를 잘 섭취하는 방법이다.

쌀밥 대신 현미밥을 먹어요

정제를 덜한 현미는 백미보다 단백질과 비타민이 많고 식이섬유가 풍부하다. 부드럽지 않아 오래 씹어야 하고 소화도 천천히 되기 때문에 위에 머무는 시간이 길어 포만감도 높다. 칼로리 면에서도 현미밥이 현저히 낮다. 현미밥을 먹고 소화가 잘 안 된다면 발아현미를 이용한다.

밀가루국수 대신 쌀국수를 사용해요

다이어트 중에 국수를 먹고 싶다면 글루텐 함량이 적은 우리밀 국수나 쌀국수를 먹는다. 쌀이 밀가루보다 약 30kcal 정도 더 낮을 뿐 아니라, 정제된 밀가루는 영양소도 많이 파괴되었다. 국수를 만들 때는 고기나 해산물, 채소 등을 넣어 국수의 양을 줄이고 다른 영양소를 보충한다.

밀가루빵 대신 통곡물빵을 먹어요
다이어트 중일 때 더욱 먹고 싶어지는 것 중의 하나가 빵이다. 하지만 정제된 밀가루로 만든 식빵이나 버터가 많이 들어간 크루아상 등은 잊어야 한다. 대신 통곡물로 만든 빵을 먹는다. 채소와 치즈 정도로 맛을 더하면 맛있게 먹을 수 있다.

단 과일 대신 신 과일을 먹어요
수박이나 멜론처럼 단맛이 나는 과일은 GI 지수가 높아 멀리하는 것이 좋다. 사과나 귤, 자몽 등 상대적으로 단맛이 적은 신 과일을 먹는다. 사과는 껍질째 먹고, 귤이나 자몽 등은 과육에 붙어 있는 하얀 부분을 떼지 말고 그대로 먹는다.

설탕 대신 올리고당을 넣어요
설탕은 단당류로 체내 흡수가 빨라 중성지방으로 쉽게 바뀌고 복부지방이 쌓인다. 단맛을 내려면 올리고당이나 자일리톨 설탕을 사용한다. 칼로리가 설탕보다 낮고 식이섬유도 들어있다. 계핏가루는 설탕의 양을 줄여야 할 때 넣으면 좋다.

소금 대신 기능성 소금이나 저염 된장으로 간해요
다이어트 중에는 염분에 신경 써야 한다. 일반 소금 대신 나트륨 함량이 적고 혈압 조절에 도움 되는 함초 소금이나 철분 등의 미네랄이 풍부한 핑크 소금 등을 넣는다. 저염 된장이나 청국장으로 간을 해도 좋다.

고추장 대신 고춧가루를 사용해요

대부분의 고추장이 고춧가루보다 칼로리가 2배 이상 높다. 매운맛을 낼 때는 고추장 대신 마른 고추나 매운 고춧가루, 송송 썬 청양고추 등을 넣는다. 마른 고추에는 비타민 A와 C가 많고 칼슘과 미네랄도 고루 들어있다.

일반 식용유보다 올리브오일이 좋아요

기름은 올리브오일, 카놀라유, 해바라기씨 등 불포화지방산이 많은 기름을 사용한다. 특히 엑스트라버진 올리브오일은 정제된 오일에 비해 불포화지방산인 올레산이 풍부하고 영양성분이 살아있다. 하지만 기름은 다 칼로리가 높다. 많이 넣지 않도록 주의한다.

레몬을 활용해요

레몬을 적절히 이용하면 좋다. 비타민 C와 P, 칼슘, 구연산이 풍부해 생기가 돌게 하고, 음식에 레몬즙을 넣어 새콤함과 향을 더하면 소금의 양을 줄일 수 있다. 모세혈관을 튼튼하게 해 고혈압이나 동맥경화가 있는 사람에게도 좋다.

주의하세요

염분의 1일 권장 섭취량은?

| 소금 1큰술(약 6g) | 된장 3큰술(약 60g) | 간장 2큰술(약 30g) | 고추장 3큰술(약 60g) |

슬기로운 다이어트
5

맘놓고 먹을 수 있어요
칼로리 걱정 없는 시판 소스 & 양념

머스터드소스 0 kcal

겨자씨, 식초, 소금, 향신료 등을 넣어 만든 소스로, 시큼하면서 독특한 향이 난다. 허니 머스터드소스는 꿀과 마요네즈 등을 더한 것으로, 다이어트 중에는 금물이다. 단맛이 첨가되지 않은 머스터드소스를 이용한다. 샐러드나 데친 채소, 고기구이, 생선구이 등에 잘 어울린다.

홀그레인 머스터드 0 kcal

겨자씨를 통으로 빻아 넣어 씹는 맛이 좋다. 샐러드 소스로, 빵에 바르는 스프레드로 사용하며, 간하지 않고 구운 닭가슴살이나 스테이크 등을 찍어 먹어도 잘 어울린다. 삶은 고구마나 달걀에 조금 넣어 버무려도 훌륭한 요리가 되고, 양배추를 채 썰어 버무려도 맛있다.

스리라차 소스 0 kcal

화끈한 매운 맛이 특징으로 핫 소스보다 시큼한 맛이 덜하다. 칼로리가 없고 지방을 태우는 요소가 많아 다이어트를 하는 사람들에게 좋다. 어떤 음식과도 잘 어울리며, 국수나 데친 채소, 샐러드 등에 간을 전혀 하지 않고 스리라차 소스만 살짝 뿌려 먹어도 맛있다.

무설탕 고추장·초고추장 10g 16kcal

단맛이 강한 시판 고추장은 조금만 먹어도 섭취 칼로리가 확 높아진다. 무설탕 고추장은 100g당 168kcal로 일반 고추장(100g당 217kcal)보다 많이 낮다. 무설탕 고추장과 초고추장으로 가끔 입맛을 달래주는 것도 좋다.

다이어트 요리를 할 때는 칼로리 때문에 기름은 물론 고추장, 간장, 설탕 등도 마음껏 사용할 수가 없어요. 시중에서 파는 소스 중에 칼로리가 없거나 낮은 소스들이 많이 있어요. 잘 이용하면 조리는 간단하게, 맛은 풍부하게 도시락을 쌀 수 있어요.

청국장 10g 17kcal

청국장은 단백질과 비타민, 미네랄 등이 풍부해 다이어트 중에 깨지기 쉬운 영양 균형을 잡아주고, 신진대사를 촉진해 지방이 쌓이는 것을 막는다. 끈적이는 성분에 들어 있는 나토키나제 효소는 혈액을 깨끗하게 만든다. 단백질과 지방의 소화를 도와 고기와 함께 먹으면 좋다.

허브 솔트 0 kcal

허브 솔트는 향이 있어 일반 소금보다 덜 넣어도 맛이 난다. 연어처럼 특유의 향이 있는 재료로 요리할 때나 쇠고기를 구울 때 조금 뿌리면 좋다. 브로콜리 등 데친 채소에도 잘 어울린다. 다이어트 중에 자주 먹는 달걀이 싫증났을 때도 허브 솔트를 조금 뿌리면 맛있게 먹을 수 있다.

통후추 10g 32kcal

독특한 향과 맛으로 재료의 나쁜 냄새를 누그러뜨리고 맛을 좋게 한다. 주로 후춧가루를 사용하지만, 통후추의 향이 더 강하다. 싱겁거나 약하게 양념한 음식에 통후추를 굵게 갈아 뿌리면 음식 맛이 더 좋게 느껴진다. 백후추보다 흑후추가 더 맛이 강하다.

계핏가루 10g 32kcal

계핏가루는 단맛을 높이는 역할을 해 설탕과 함께 사용하면 설탕의 양을 줄일 수 있다. 인슐린 분비를 늘려 혈당 수치를 안정시키고, 소화액 분비를 촉진해 소화도 돕는다. 다이어트 중에 많이 먹게 되는 고구마나 단호박에 뿌려 먹으면 맛있다.

슬기로운 다이어트 ⑥

정확한 계량이 중요해요
다이어트 요리의 기본, 계량하기

계량스푼

양념을 계량할 때 편리하다. 계량스푼의 용량을 기억하고, 양도 눈으로 익혀 두면 좋다. 가루의 양을 잴 때는 수북이 담은 후 칼등으로 윗면을 깎아낸다. 액체를 잴 때는 넘칠 듯 말 듯하게 담는다.

1큰술 = 15mL, 1작은술 = 5mL, 1/2작은술 = 2.5mL, 1/4작은술 = 1.25mL

가루의 양 비교

액체의 양 비교

1큰술과 성인용 숟가락의 양 비교

성인용 숟가락의 양이 1큰술보다 조금 적다.

가루 재는 방법

계량스푼에 수북이 담은 후 윗면을 평평하게 깎는다.

액체 재는 방법

표면장력에 의해 숟가락 위로 봉긋하게 올라오는 정도로 담는다.

평소에는 눈대중으로 음식을 만들어도 괜찮지만, 다이어트 도시락을 쌀 때는 재료를 정확히 계량하는 게 중요해요. 재료의 양은 물론, 무심코 넣은 양념 한 숟가락에도 칼로리가 높아지니까요. 성공적인 다이어트 도시락 싸기의 첫 순서는 정확한 계량입니다.

계량컵
계량스푼과 마찬가지로 가루의 양을 잴 때는 수북이 담은 후 칼등으로 윗면을 깎아내고, 액체를 잴 때는 넘칠 듯 말 듯하게 담는다. 투명한 계량컵으로 계량할 때는 평평한 곳에 놓고 눈높이를 맞춰 눈금을 확인한다. 1컵 = 200mL

전자저울
주재료와 부재료를 계량할 때 편리하다. 가정용으로는 2kg까지 잴 수 있는 저울이면 적당하다. 무게를 잴 때는 저울을 평평한 곳에 놓고 0g인지 확인한 후 재료를 올려 잰다. 그릇에 담아 잴 경우에는 그릇을 올리고 0g으로 맞춘 후 재료를 올린다.

✓ 알아두면 편해요

자주 사용하는 식품의 무게

밥 · 빵
밥 1공기 약 200g
식빵 1장 40g
모닝빵 1개 35g

채소 · 버섯
감자 1개 150g
고구마 1개 200g
당근 1개 200g
양파 1개 150g
오이 1개 150g
가지 1개 150g
애호박 1개 250g
토마토 1개 150g
브로콜리 1개 300g
피망 1개 60g
풋고추 5개 50g
깻잎 10장 10g
표고버섯 5개 100g
양송이버섯 5~6개 100g
느타리버섯 10개 100g

고기 · 해산물 · 달걀
소등심 달걀 크기 60g
돼지 안심 달걀 크기 60g
닭가슴살 1쪽 120g
새우살 20마리 100g
오징어 몸통 1마리 130g
북어포 가볍게 1줌 15g
잔멸치 가볍게 1줌 15g
달걀 1개 55g

슬기로운 다이어트 ⑦

내 몸을 아는 것이 먼저예요
다이어트의 시작, 비만도 체크하기

1 표준체중 알아보기

비만 정도를 체크하려면 먼저 표준체중을 알아야 한다. 표준체중을 구하는 방법은 2가지가 있다.

방법 1 표준체중(kg) = [키(cm) − 100] × 0.9

(예) 현재 키가 160cm이고 체중이 58kg인 사람의 경우
(160 − 100) × 0.9 = 54
이 사람의 표준체중은 54kg이다.

방법 2 남자 : 키(m) × 키(m) × 22
여자 : 키(m) × 키(m) × 21

(예) 현재 키가 160cm이고 체중이 58kg인 여자의 경우
1.6 × 1.6 × 21 = 53.76
이 여자의 표준체중은 53.76kg이다.

무작정 식사량을 줄여서는 건강하게 살을 뺄 수 없어요. 자신의 몸 상태를 정확히 알아야 다이어트 계획을 효과적으로 세울 수 있습니다. 실전에 들어가기 전에 먼저 표준체중과 비만도를 체크해보세요.

2 비만도 체크하기

자신의 키와 현재 체중, 표준체중으로 비만도를 계산한다.

비만도(%) = (현재 체중 ÷ 표준체중) × 100

> **예** 현재 키가 160cm이고 체중이 58kg인 사람의 경우
> (58 ÷ 54) × 100 = 107.4
> 이 사람의 비만도는 107.4%로 정상 체중에 속한다.

비만도 판정 기준

80 미만 : 저체중	120 이상 130 미만 : 경도 비만
80 이상 90 미만 : 가벼운 저체중	130 이상 150 미만 : 중증 비만
90 이상 110 미만 : 정상 체중	150 이상 200 미만 : 고도 비만
110 이상 120 미만 : 과체중	200 이상 : 위험한 비만

3 체질량지수 체크하기

비만의 판단 기준은 체중보다 체지방의 양이다. 체질량지수를 정확히 아는 것이 중요하다.

체질량지수(BMI) = 체중(kg) ÷ 키(m) × 키(m)

> **예** 현재 키가 160cm이고 체중이 58kg인 사람의 경우
> 58 ÷ 1.6 × 1.6 = 22.65
> 이 사람의 체질량지수는 22.65로 정상체중에 속한다.

체질량지수 판정 기준

18 미만 : 저체중	23 이상 25 미만 : 과체중
18 이상 23 미만 : 정상 체중	25 이상 : 비만

슬기로운 다이어트
8

이럴 땐 어떻게 하죠?
Q & A 다이어트 도시락을 쌀 때 궁금한 점

Q 소금은 칼로리가 없는데 짜게 먹으면 왜 살이 찌나요?

A 음식을 짜게 먹으면 갈증이 나고 물을 많이 마시게 되어 부종이 와요. 부종이 지속되면 지방 연소의 효율이 떨어지고 혈액순환도 잘 안 됩니다. 또 짜게 먹으면 몸이 갈증 신호를 보내는데, 이 신호가 식욕으로 느껴지기도 해 식욕이 늘게 돼요. 하루에 1큰술 이상 먹지 않는 게 좋습니다.

Q 다이어트 중인데 단백질을 많이 먹으라고 합니다. 단백질이 그렇게 중요한가요?

A 다이어트를 하면 근육이 빠질 수 있는데, 단백질이 근육량을 유지해줘요. 또 위에 머무는 시간이 길어 포만감이 오래 가고, 탄수화물과 지방보다 더 많은 칼로리를 사용하기 때문에 체중을 줄이는 데 효과적입니다. 다이어트 중에는 충분히 섭취하는 게 좋아요.

Q 칼로리가 높아도 GI 지수가 낮은 식품을 먹어야 한다는데, GI 지수가 뭔가요?

A GI 지수(혈당지수)는 음식을 섭취한 후 혈당 수치가 상승하는 속도를 나타낸 거예요. GI 지수가 높은 음식을 먹으면 혈당 수치가 빠르게 올라간다는 뜻이죠. 혈당 수치가 빠르게 상승하면 이를 떨어뜨리기 위해 인슐린이 과잉 분비되어 남는 혈당을 체지방으로 바꿉니다. 잡곡밥, 통밀빵, 채소, 해조류 등이 GI 지수가 낮으며, 천천히 오래 씹어 먹는 것이 중요합니다.

Q 양상추는 변해서 버리는 경우가 많아요. 오래 보관하는 방법이 있을까요?

A 양상추는 칼로 자르지 말고 손으로 뜯으세요. 칼로 자르면 하루만 지나도 자른 면이 갈변되고 영양 손실도 큽니다. 씻지 말고 한 잎씩 떼어 하루나 이틀 먹을 만큼씩 종이에 싸서 지퍼백이나 밀폐 용기에 담아두고, 조리하기 전에 흐르는 물에 씻어 사용하세요. 시들어 보이면 얼음물에 담가두세요. 잠시 후면 아삭하게 살아납니다.

다이어트와 짠맛이 무슨 상관이 있는지, 기름 없이 볶으면 타지 않을지, 다이어트 도시락을 싸다 보면 크고 작은 궁금증들이 생겨요. 메뉴를 짜면서, 음식을 만들면서 생기는 궁금증들을 시원하게 풀어드립니다. 정확히 알고 진행하면 준비하기도 쉽고 성공률도 높아져요.

Q 쇠고기나 닭고기를 얼리지 않고 일주일 정도 보관할 수 있을까요?

A 한 번 조리할 양만큼 잘라 비닐 랩으로 싸서 김치냉장고에 넣어두면 좋아요. 냉장고보다 온도가 낮아 살얼음이 살짝 끼는 정도인데, 신선함을 더 오래 유지할 수 있어요. 그래도 일주일을 넘기지는 마세요.

Q 전을 부치거나 볶음을 하려면 기름을 둘러야 하는데 칼로리가 높아 고민돼요.

A 수분이 많은 채소는 굽거나 볶을 때 물을 이용하면 좋아요. 기름을 아주 조금만 넣고 굽다가 물을 약간 부으면, 채소 맛을 유지하면서 익힐 수 있어요. 호박, 가지, 토마토, 배추, 시금치 등으로 조리할 때 유용합니다.

Q 음식에 고추나 피망을 넣을 때 씨를 버리지 말고 같이 넣으라고 하는데 왜 그런가요?

A 고추나 피망의 씨에 많이 들어있는 캡사이신은 지방을 태우는 역할을 합니다. 많은 사람이 씨를 깨끗하게 도려내고 조리하는데, 다이어트 중이라면 버리지 말고 다 먹는 것이 좋아요.

Q 다이어트 중이지만 소시지나 베이컨 같은 게 먹고 싶어요. 좋은 방법이 있을까요?

A 소시지, 베이컨 같은 가공식품은 나트륨, 지방 등이 많아 되도록 피하는 게 좋지만, 끓는 물에 데쳐 기름을 빼면 훨씬 안심하고 먹을 수 있어요. 양파나 파 등을 함께 넣고 데치면 기름 성분이 잘 분해되고, 작게 잘라 데치면 단면으로 안에 있는 기름이 더 많이 빠져나와요. 베이컨은 데친 후 달군 팬에 한 번 더 구우세요. 기름도 더 빠지고 바삭해져요.

Q 토마토케첩을 좋아하는데 칼로리가 높더라고요. 먹으면 안 될까요?

A 토마토케첩의 양을 줄이고 0kcal인 스리라차 소스를 더해보세요. 토마토케첩의 맛은 유지하면서 칼로리를 낮출 수 있습니다. 방울토마토를 갈아서 토마토케첩과 섞어 먹어도 좋아요.

PART 2

가벼운 한 끼
샐러드 도시락

'다이어트 샐러드 도시락' 하면 채소만 가득한 도시락을 떠올리기 쉬워요. 하지만 칼로리를 높이지 않으면서 고기나 생선 등을 더해 든든한 한 끼 도시락을 만들 수 있습니다. 맛과 영양, 칼로리를 모두 잡은 샐러드 도시락을 알려드릴게요.

그릭샐러드

240 kcal

양의 젖으로 만든 그리스 전통 치즈인 페타 치즈를 넣은 그릭샐러드는 건강식으로,
다이어트식으로 좋아요. 오이와 올리브 등을 넣어 씹는 맛이 좋고 깔끔해요.

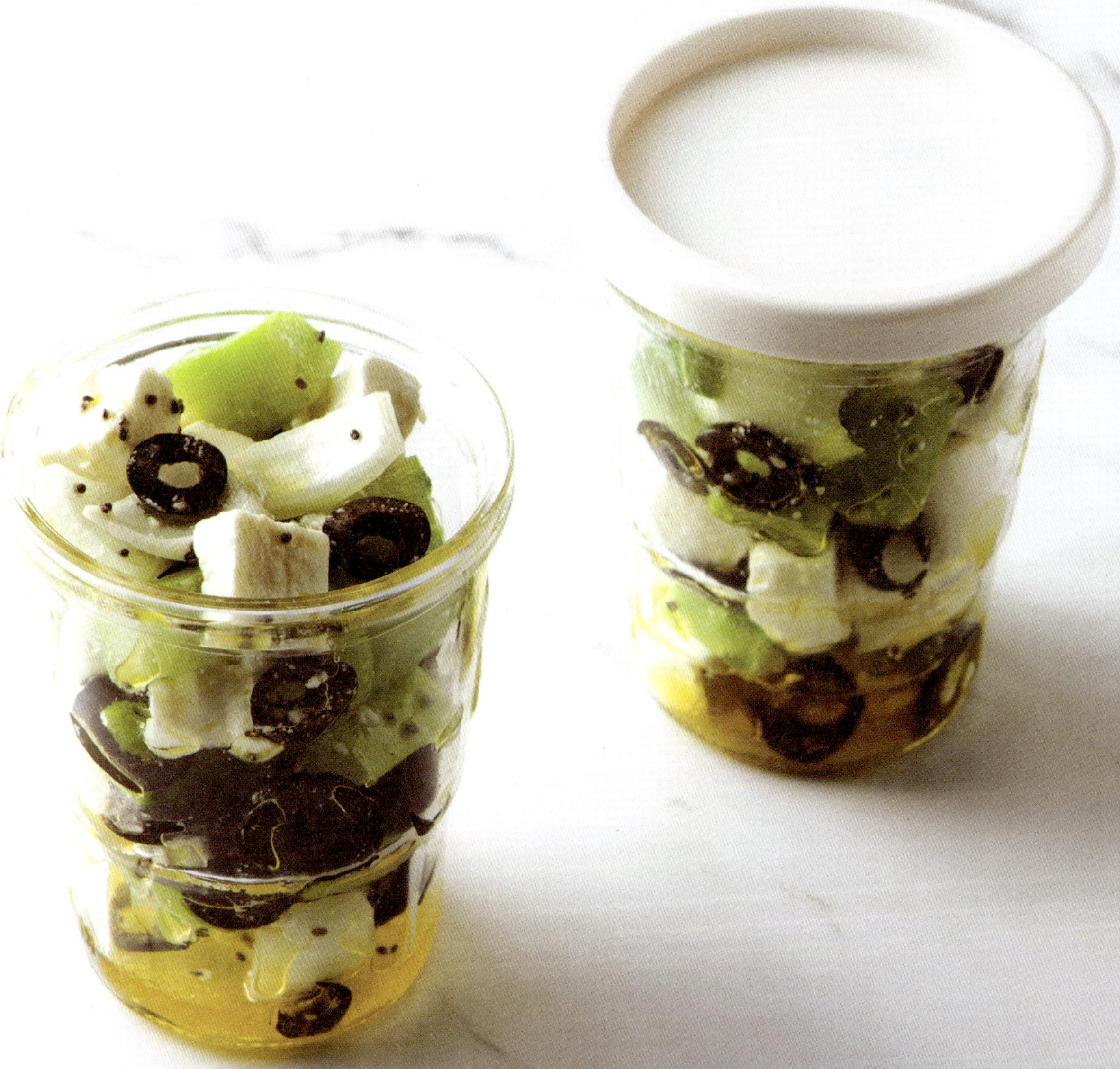

재료 _ 1인분

페타 치즈	70g
오이	150g
양파	30g
바질 잎	5장

소스

블랙올리브	20g
올리브오일	1큰술
치아씨드	1작은술
소금	1/3작은술
후춧가루	1/3작은술

1 페타 치즈 자르기
페타 치즈는 사방 1cm 크기로 네모지게 자른다.

2 채소 손질하기
오이와 양파도 네모지게 썰고, 바질 잎은 굵게 채 썬다.

3 소스 만들기
올리브는 동그랗게 저민 후 올리브오일과 치아씨드, 소금, 후춧가루를 넣어 섞는다.

맛 Up 올리브는 밋밋한 샐러드를 맛있게 먹을 수 있게 하는 재료다. 제품에 따라 짠맛 정도가 차이 나는데, 짜지 않게 절인 저염 올리브를 구입한다.

담기 도시락에 치즈와 오이, 양파, 바질 잎을 고루 섞이게 담고 소스를 끼얹는다. 소스는 따로 담아 먹기 전에 뿌려도 좋다.

루콜라샐러드

195 kcal

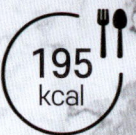

입맛 돋우는 향과 씹는 맛이 좋은 루콜라는 피자나 샌드위치와 잘 어울이지만 샐러드로도 좋아요.
토마토와 대구살을 구워 함께 먹으면 부드럽고 향긋해요.

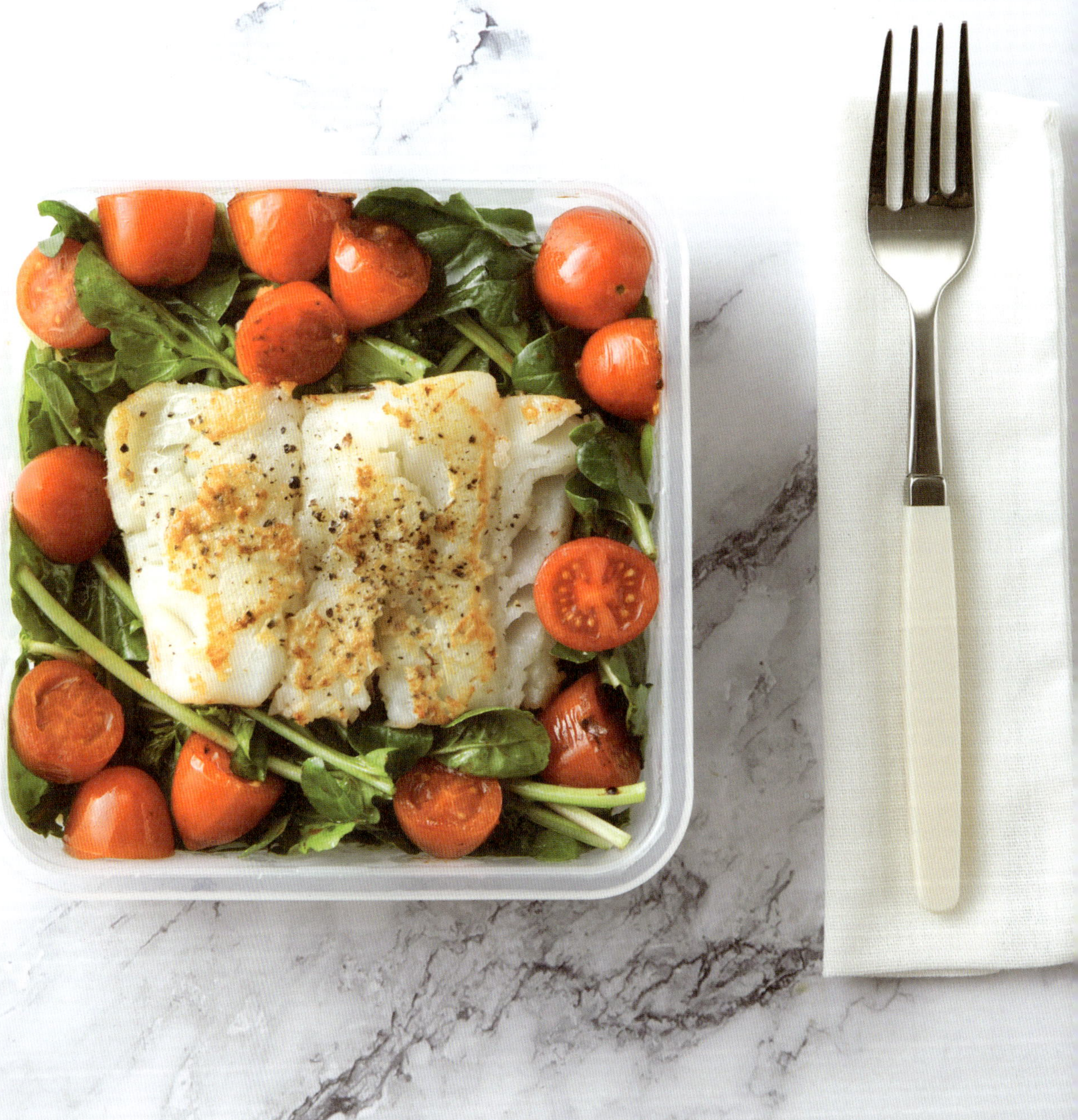

재료 _ 1인분

루콜라	100g
방울토마토	100g
포 뜬 대구살	100g
올리브오일	1/2큰술
발사믹 식초	1작은술
후춧가루	1/2작은술

1. 루콜라 양념하기
루콜라는 씻어 물기를 털고 반으로 잘라 올리브오일과 발사믹 식초로 버무린다.

2. 방울토마토 자르기
방울토마토는 꼭지를 떼고 반으로 자른다.

3. 굽기
올리브오일을 두른 팬에 대구살을 넣고 후춧가루를 뿌려 굽는다. 익으면 방울토마토를 넣어 살짝 익힌다.

맛 Up 발사믹 식초 대신 발사믹 글레이즈를 뿌리면 더욱 맛있다. 발사믹 글레이즈는 발사믹 식초에 설탕을 약간 넣어 조린 것으로, 농도가 되직하고 단맛도 있어 먹기 좋다.

담기 대구살구이는 한 김 식혀 담는다. 도시락에 올리브오일과 발사믹 식초로 버무린 루콜라를 푸짐하게 담고, 그 위에 대구살구이와 방울토마토를 보기 좋게 올린다.

아보카도샐러드

279 kcal

다른 과채류에 비해 칼로리가 높지만, 칼슘과 칼륨이 월등히 높아 다이어트 중에 놓치기 쉬운 영양 균형을 맞출 수 있어요. 콩을 넣은 스크램블드에그와 함께 먹으면 포만감이 좋아요.

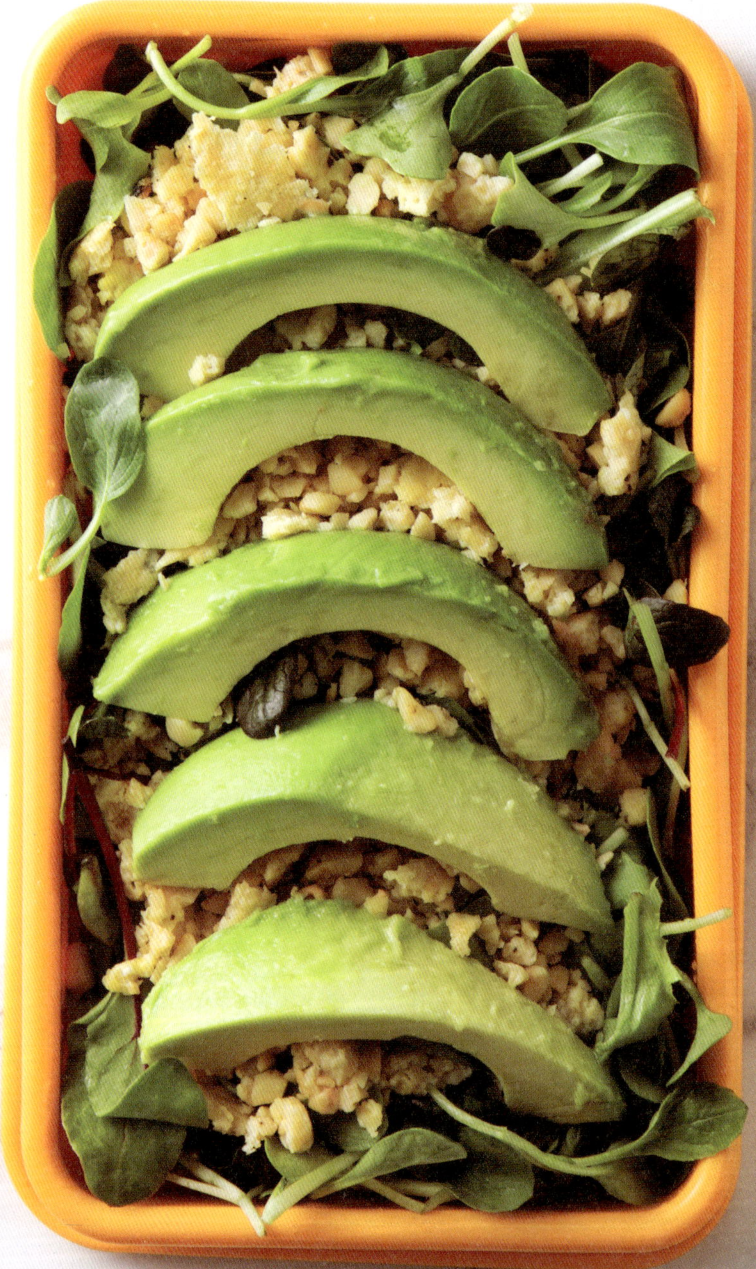

재료_1인분

아보카도	100g
어린잎채소	30g
삶은 대두	50g
달걀	50g(약 1개)
소금	1/3작은술
후춧가루	1/2작은술
올리브오일	1작은술

1 아보카도, 어린잎채소 손질하기

아보카도는 껍질 벗겨 길쭉하게 자르고, 어린잎채소는 씻어 물기를 턴다.

2 콩과 달걀 섞기

곱게 푼 달걀에 삶은 대두를 으깨어 넣고 고루 섞는다. 소금과 후춧가루로 간한다.

3 달걀 볶기

달군 팬에 올리브오일을 두르고 콩을 섞은 달걀물을 부어 스크램블드에그 만들 듯이 볶는다.

맛 Up 삶은 콩을 도마에 올려 다지면 튀기 쉽다. 믹서에 넣어 5초 정도 갈면 부드럽다.

담기 어린잎채소를 먼저 담고, 그 위에 콩을 넣어 만든 스크램블드에그를 얹는다. 맨 위에 아보카도를 겹치지 않게 나란히 얹는다. 아보카도는 적당히 익은 것이 좋다.

콜라비연어샐러드

콜라비는 수분이 많고 비타민 C가 풍부해요. 생선이나 고기와 함께 먹으면 입안이 개운해지죠.
썰어서 출출할 때 먹으면 요기도 되는데, 연어와 함께 도시락에 담았어요.

재료_1인분

콜라비	100g
훈제연어	100g
당근	50g
깻잎	20g
케이퍼	10g
식초	2큰술
올리고당	1/2큰술

1 콜라비, 당근 절이기
콜라비와 당근은 필러로 저며 식초와 올리고당을 섞어 잠시 절인다.

2 훈제연어 썰기
훈제연어는 한입에 먹기 좋게 반으로 썬다.

3 부재료 손질하기
깻잎은 가늘게 채 썰고, 케이퍼는 체에 받쳐 물기를 뺀다.

맛 Up 콜라비 대신 무를 사용해도 좋다. 식초와 올리고당 외에 스리라차 소스나 홀그레인 머스터드소스 등도 잘 어울린다. 섭취 칼로리를 줄이고 싶을 때 좋다.

담기 깊지 않은 도시락에 콜라비와 당근을 한 켜 담고 연어를 올린다. 콜라비와 당근을 다시 한 켜 얹고 케이퍼와 깻잎을 올린다. 신선하게 먹을 수 있게 보냉백에 담는다.

고구마달걀샐러드

238 kcal

고구마와 달걀은 다이어터에게 고향 같은 식재료예요. 삶은 고구마와 달걀을 굵게 으깨어 섞으면 언제 먹어도 맛있는 샐러드가 되죠. 고구마는 껍질째 사용하세요.

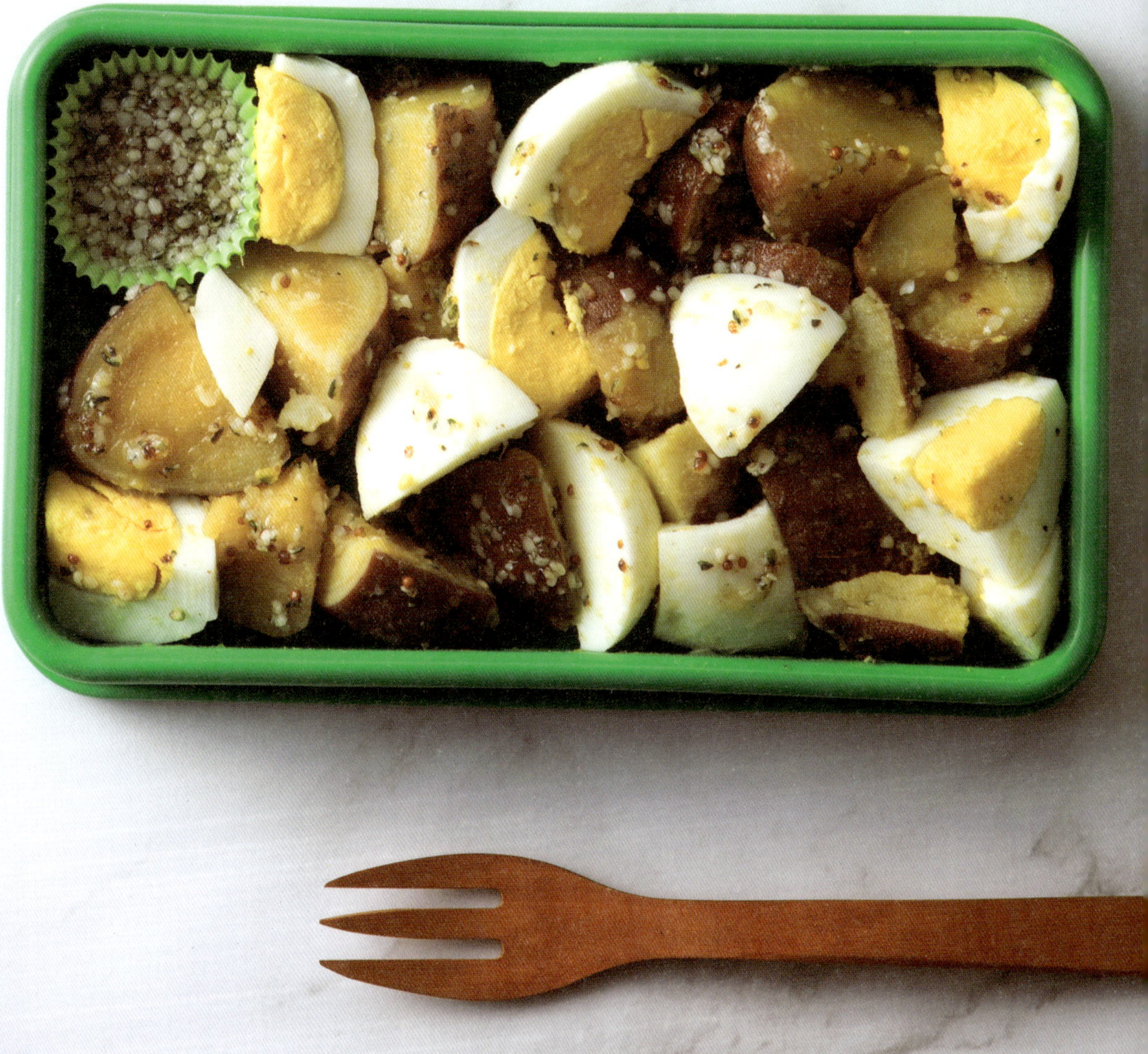

재료 _ 1인분

고구마	100g
달걀	80g(약 1½개)

소스

올리고당	1/2큰술
햄프씨드	1작은술
홀그레인 머스터드	5g

1 고구마 삶기
고구마는 푹 무르도록 삶아 껍질째 썬다.

2 달걀 삶아 썰기
달걀은 삶아 굵게 썬다.

3 소스 만들기
올리고당과 햄프씨드, 홀그레인 머스터드를 넣고 섞어 소스를 만든다.

맛 Up 삶은 고구마, 삶은 달걀을 따로따로 먹는 것이 지겨워질 때 샐러드를 만들면 새로운 맛으로 즐길 수 있다. 여기에 단맛이 적은 과일을 곁들여도 좋다.

담기 달걀과 고구마를 한데 담고 소스를 넣어 고구마가 으깨지지 않도록 살살 섞은 후 속이 깊지 않은 도시락에 담는다.

애호박닭고기샐러드

216 kcal

애호박은 익히면 단맛이 나서 구운 닭가슴살과 함께 먹으면 한 끼를 맛있고 든든하게 챙길 수 있어요.
애호박에서 수분이 흘러나오지 않게 센 불에서 재빨리 조리하는 것이 포인트예요.

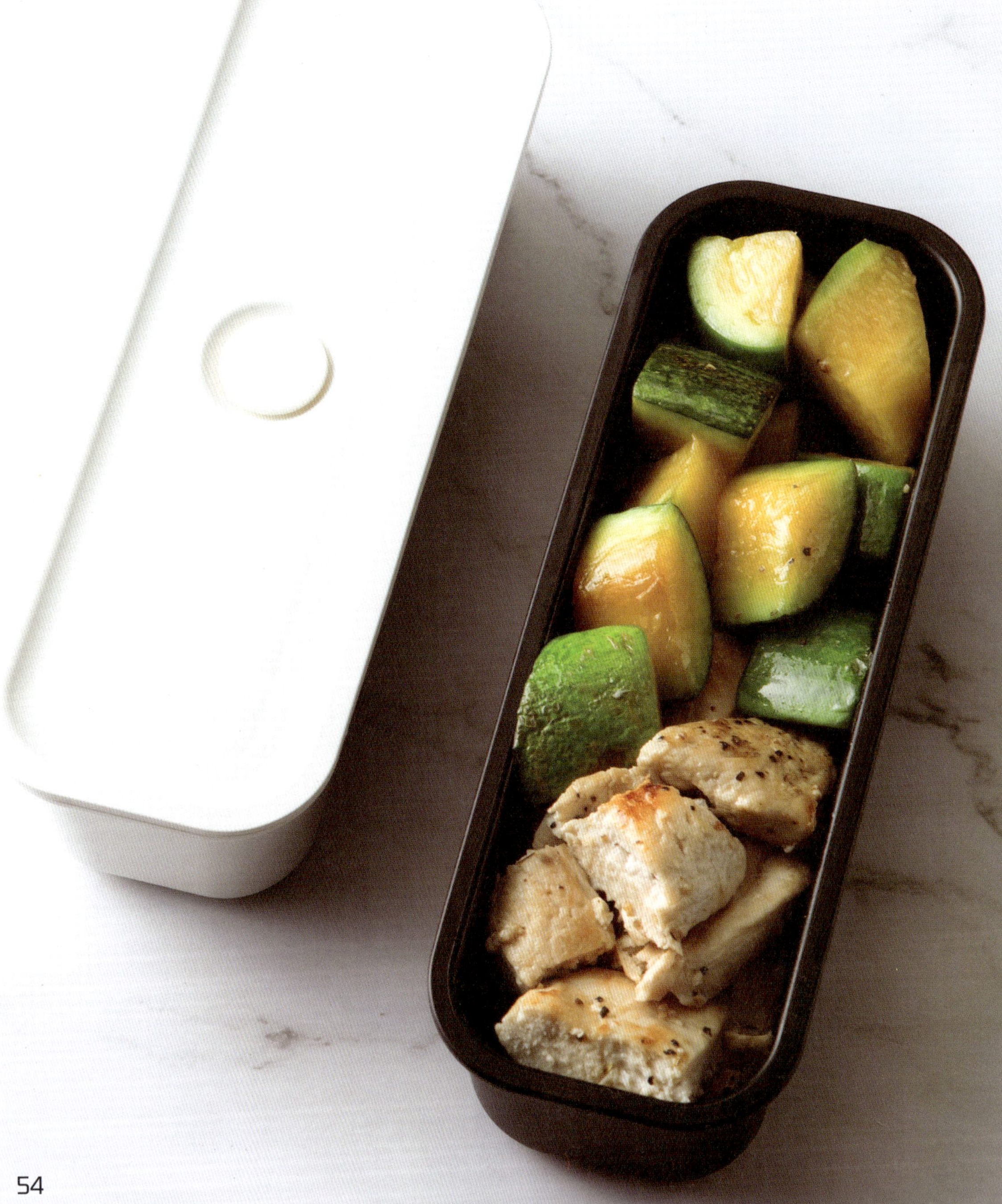

재료 _ 1인분

애호박	100g
닭가슴살	100g
올리브오일	1/2큰술
소금	1/4작은술
맛술	1작은술
허브 솔트	1/3작은술
후춧가루	1작은술

1 애호박 굽기
애호박은 큼직하게 썰어 올리브오일 1/4큰술을 두르고 소금을 뿌려 굽는다.

2 닭가슴살 손질하기
닭가슴살은 칼을 뉘어 반으로 저민 후 살을 펼쳐 잔 칼집을 넣는다.

3 닭가슴살 굽기
팬에 올리브오일 1/4큰술을 두른 후, 닭가슴살을 넣고 맛술과 허브 솔트, 후춧가루를 뿌려 굽는다.

맛 Up 누린내를 없애려고 닭고기를 우유에 담가 두는 경우가 많은데, 그런 과정 대신 데칠 때는 레몬이나 청주를, 구울 때는 맛술이나 허브 솔트를 넣으면 된다.

담기 닭가슴살을 적당한 크기로 썰어 도시락에 담고, 애호박도 옆에 담는다. 한 그릇에 담아야 식으면서 애호박의 양념이 닭고기와 어우러져 고루 맛있게 먹을 수 있다.

파프리카쇠고기샐러드

식이섬유와 칼슘, 철분 등이 풍부하고 과일처럼 그냥 먹어도 되는 파프리카는 샐러드는 물론 간식으로도 좋아요. 실곤약을 넣은 쇠고기말이를 같이 먹으면 단백질을 보충할 수 있어요.

재료_1인분

파프리카	150g
쇠고기(샤부샤부용)	150g
실곤약	100g
레몬	1/4개
바질 잎	1장
올리브오일	1작은술

된장 소스

된장	1/2큰술
올리브오일	1작은술
올리고당	1작은술

1 파프리카 양념하기
파프리카는 세모지게 썰어 채 썬 바질 잎과 올리브오일을 넣고 고루 버무린다.

2 쇠고기 데치기
끓는 물에 레몬 조각을 넣고 쇠고기를 데쳐 건진다.

3 말기
실곤약을 뜨거운 물에 헹구고 된장 소스로 버무려 쇠고기로 돌돌 만다.

맛 Up 된장 소스를 만들 때 들기름이나 들깨 혹은 통깨를 부수어 넣으면 고소한 맛이 진해져 더욱 맛있다. 우리 된장 대신 미소된장으로 만들어도 색다른 맛을 즐길 수 있다.

담기 실곤약을 넉넉히 넣고 돌돌 만 쇠고기말이를 먹기 좋게 잘라 담고, 올리브오일과 바질 잎으로 버무린 파프리카를 함께 담는다. 파프리카를 큼직하게 썰어 무짐해 보인다.

그린리코타샐러드

260 kcal

양상추, 치커리, 로메인, 루콜라 등의 녹색 채소와 청포도, 잣을 더한 리코타 치즈를 함께 담은 심플 건강 샐러드. 초록색이 청량함을 주어 보기만 해도 신선해요.

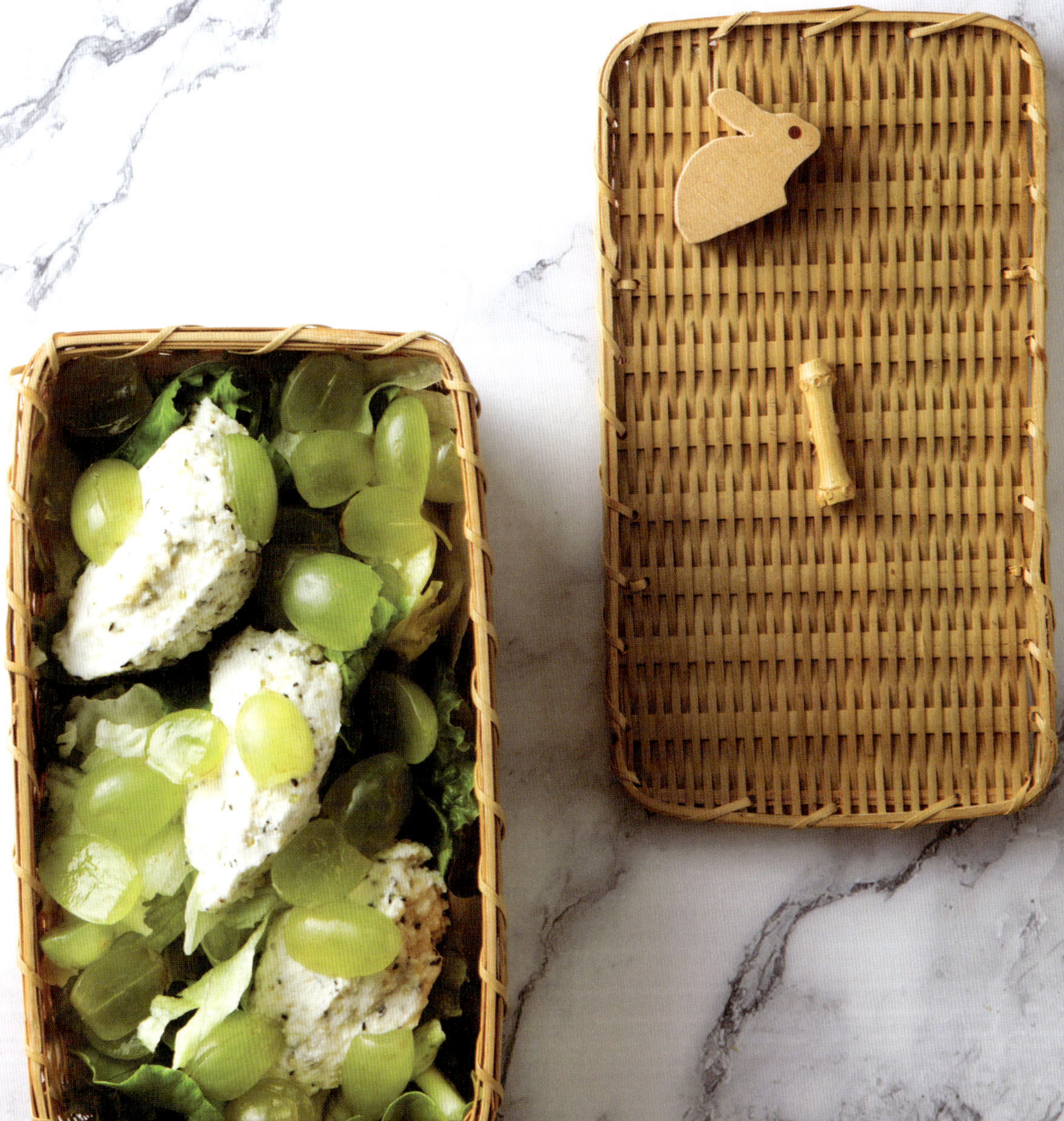

재료_1인분

양상추	60g
로메인	40g
치커리	20g
루콜라	30g
청포도	80g
리코타 치즈	80g
올리고당	1/2큰술
햄프씨드	10g

1. 채소 손질하기
양상추와 로메인, 치커리, 루콜라는 적당한 길이로 자른다.

2. 청포도 자르기
씨 없는 청포도는 알알이 떼어 반으로 자른다. 햄프씨드도 준비한다.

3. 리코타 치즈 양념하기
리코타 치즈에 햄프씨드를 넣고 올리고당도 조금 넣어 고루 섞는다.

맛 Up 채소는 소금이나 소스로 간하지 않고 올리브오일과 후춧가루만 조금 넣어도 맛있게 먹을 수 있다. 리코타 치즈에 햄프씨드 대신 다진 잣을 조금 섞어도 맛있다.

담기 넉넉한 도시락에 채소와 청포도를 담고, 올리고당과 햄프씨드를 넣은 리코타 치즈를 숟가락으로 퍼서 군데군데 올린다.

구운가지샐러드

281 kcal

안토시아닌이 풍부한 가지를 길쭉하게 잘라 팬에 구운 후 리코타 치즈를 넣어 돌돌 말아 먹는 샐러드예요. 가지의 부드러운 식감과 어우러져 맛과 영양을 모두 챙길 수 있어요.

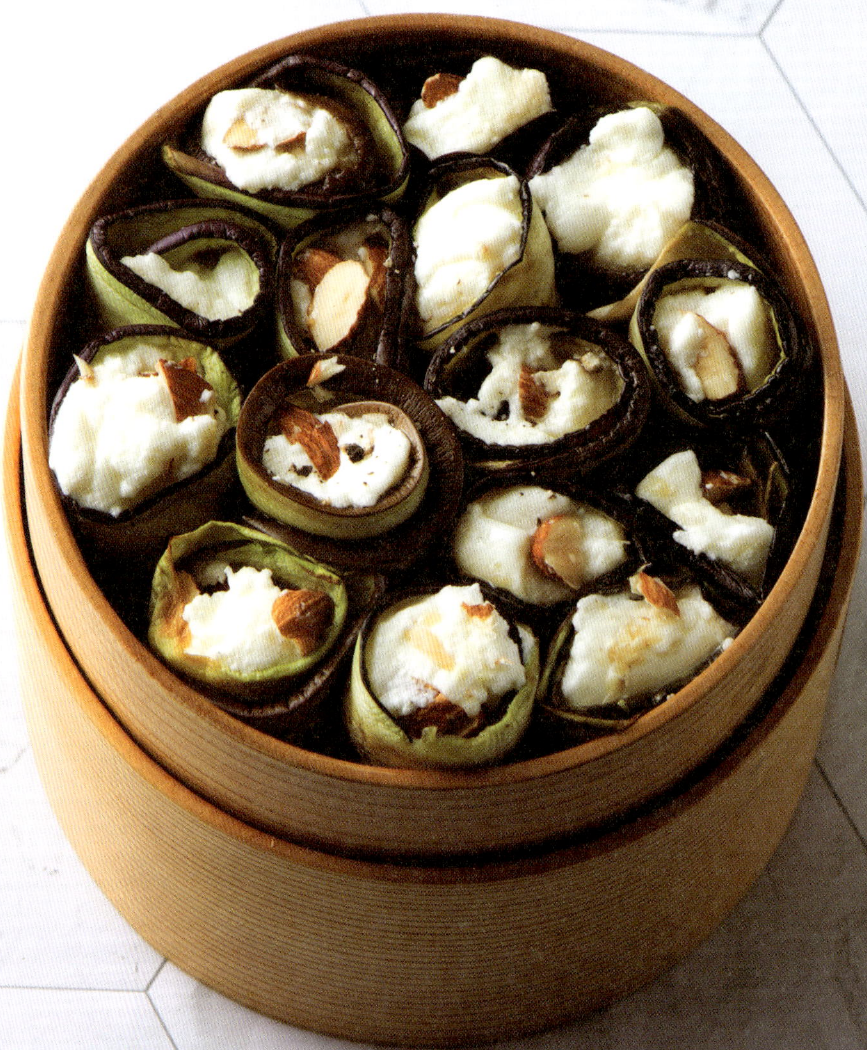

재료 _ 1인분

가지	200g
리코타 치즈	80g
아몬드	10g
올리브오일	1/2큰술
발사믹 식초	1큰술
후춧가루	1/3작은술

① 가지 굽기
가지는 길쭉하게 썰어 기름 없이 구운 후 올리브오일과 발사믹 식초를 뿌린다.

② 리코타 치즈에 아몬드 섞기
아몬드를 도톰하게 썰어 리코타 치즈에 넣고 섞는다.

③ 말기
가지에 치즈를 적당히 덜어 얹고 돌돌 만 후 후춧가루를 뿌린다.

맛 Up 리코타 치즈에 아몬드나 잣, 호두 등의 견과류를 더하면 씹는 맛을 더할 수 있어 좋다. 단, 칼로리가 높아지니 견과류 양에 신경 쓴다.

담기 리코타 치즈를 넣고 돌돌 만 가지가 풀어지지 않도록 가지런히 담는다. 촘촘하게 담아야 담음새를 유지하기 좋다.

구운버섯샐러드

275 kcal

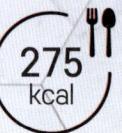

대부분의 버섯에는 감칠맛을 내는 구아닐산이 풍부해 무염식 조리를 해도 맛이 좋아요.
두세 가지 버섯으로 준비해 칼로리는 낮추면서 건강해지는 도시락입니다.

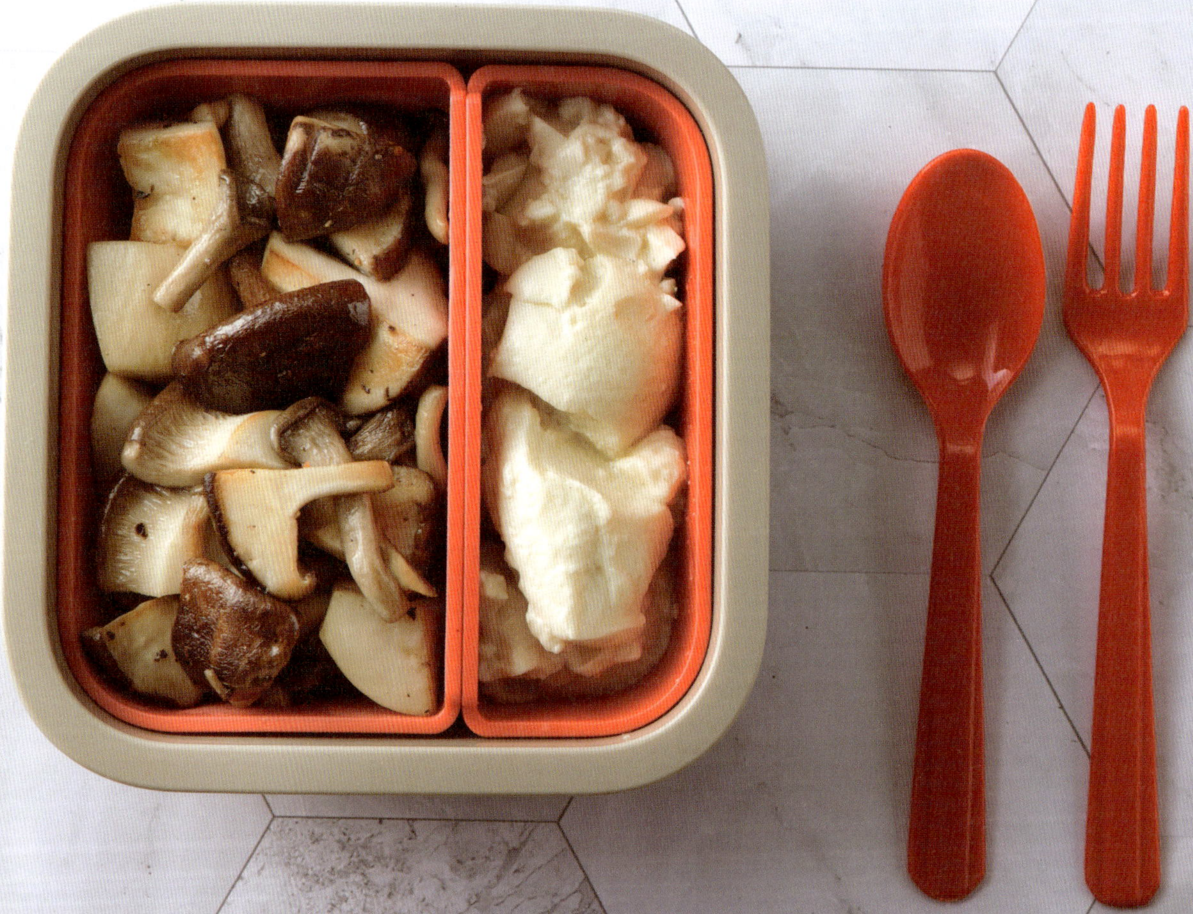

재료 _ 1인분

표고버섯	100g
느타리버섯	100g
새송이버섯	100g
연두부	110g
올리브오일	1큰술
후춧가루	1/2작은술

1 버섯 썰기
표고버섯은 4등분하고, 느타리버섯은 길이로 반 썬다. 새송이버섯은 큼직하게 썬다.

2 연두부 물기 빼기
연두부는 평평한 체에 담아 물기를 뺀다.

3 버섯 굽기
달군 팬에 올리브오일을 두르고 버섯을 넣어 센 불에서 굽는다.

맛 Up 시판하는 후춧가루 대신 통후추를 굵게 갈아 뿌리면 향이 진하게 돌아 더 맛있다.

담기 넉넉히 볶은 버섯은 한 김 식힌 후 칸이 나뉜 도시락에 펼쳐 담고 후춧가루를 뿌린다. 연두부는 물기를 빼서 다른 칸에 담는다.

브로콜리샐러드

162 kcal

맛과 영양을 모두 갖춘 브로콜리는 하루 100g만 먹어도 충분할 정도로 비타민이 풍부해요.
오징어와 함께 샐러드를 만들어 먹으면 면역력을 높이고 항산화효과도 볼 수 있어요.

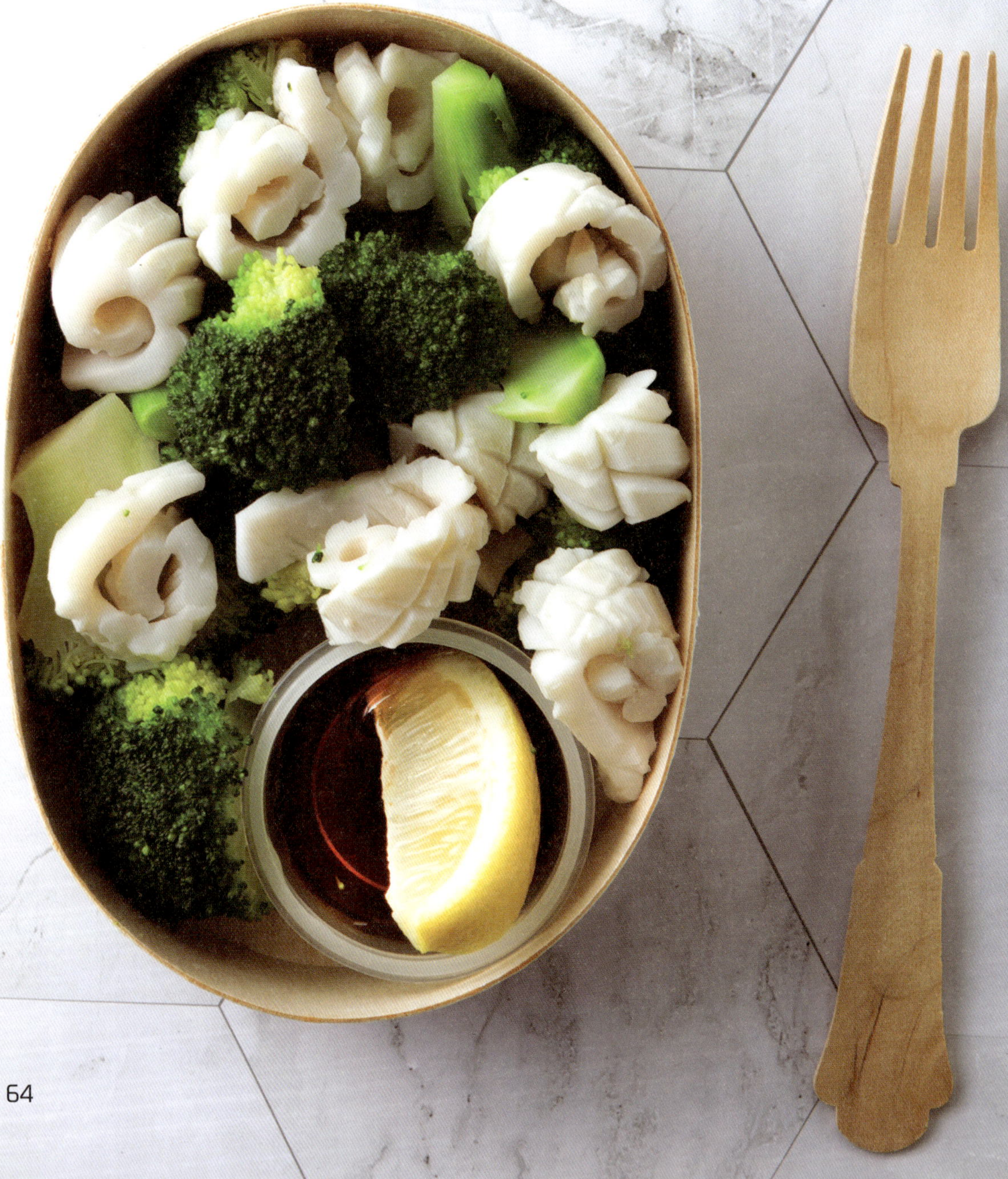

재료_1인분

브로콜리	200g
오징어	100g
레몬	1/4개
쯔유	1/2큰술
후춧가루	1/3작은술

1. 브로콜리 데치기
브로콜리는 작은 송이로 잘라 끓는 물에 데쳐 헹군다.

2. 오징어 데치기
오징어는 칼집을 넣은 후 끓는 물에 데쳐 브로콜리와 비슷한 크기로 썬다.

3. 소스 만들기
쯔유에 레몬즙을 짜 넣고 후춧가루를 갈아 넣어 섞는다.

맛 Up 브로콜리는 살캉거릴 정도로 데쳐야 씹는 맛이 좋다. 데친 후 얼음물에 담갔다가 건지면 초록색도 선명하게 유지하고 잔열로 물러지는 것도 막을 수 있다.

담기 브로콜리와 오징어는 물기를 충분히 뺀 후 도시락에 담고, 레몬으로 맛낸 쯔유는 먹기 직전에 뿌려 먹을 수 있도록 작은 통에 따로 담는다.

두부시금치샐러드

238 kcal

두부는 종류에 따라 칼로리가 달라요. 부침용 두부는 연두부나 순두부에 비해 칼로리는 조금 높지만, 칼슘과 식이섬유가 많아 다이어트 도시락 재료로 좋아요.

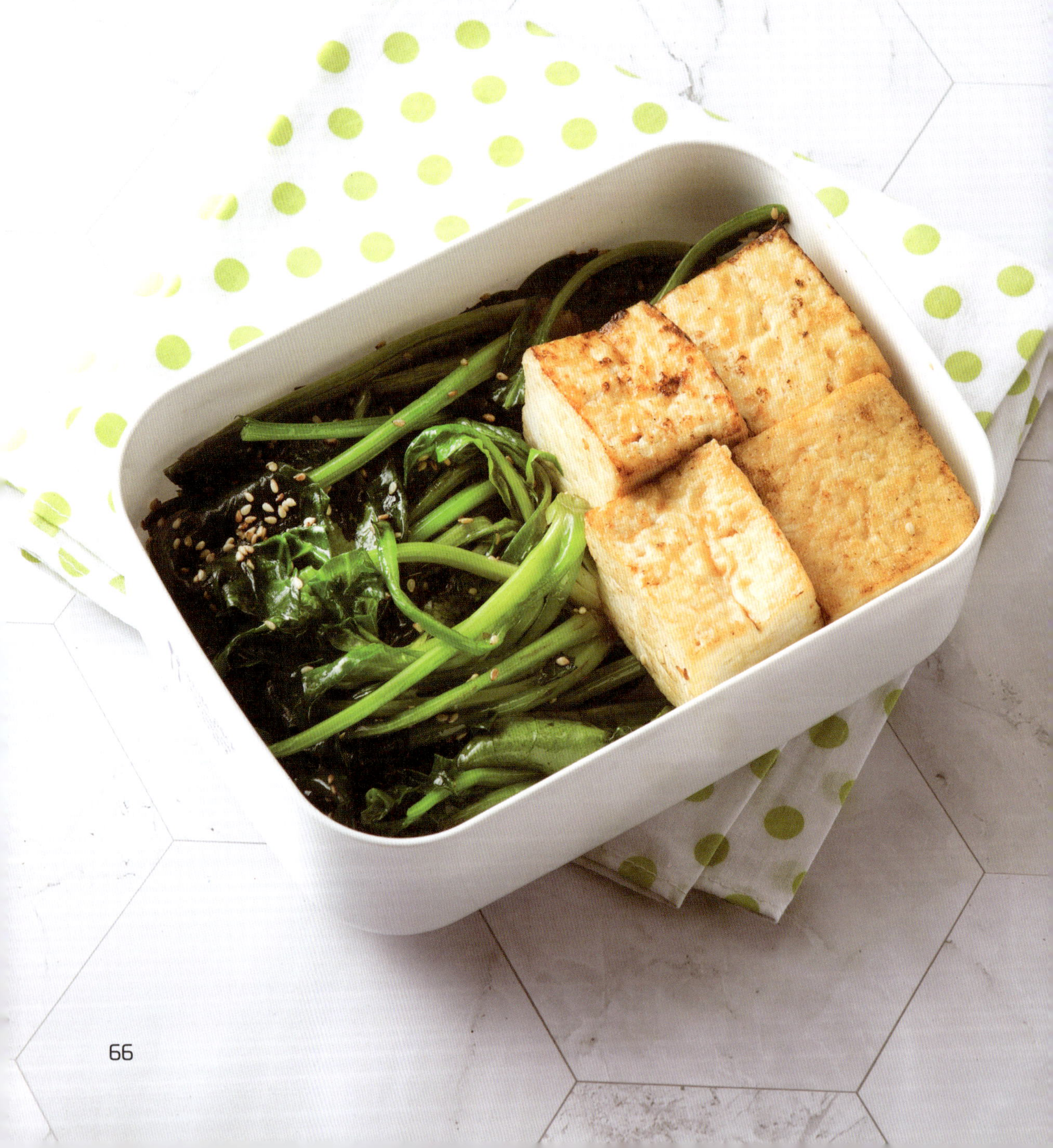

재료_1인분

두부	200g
시금치	100g
올리브오일	1/2큰술
쯔유	1/2큰술
통깨	1큰술

① 두부 굽기
두부는 사방 3cm 크기로 도톰하게 썰어 올리브오일 두른 팬에 굽는다.

② 시금치 볶기
시금치는 반으로 썰어 두부를 구워 낸 팬에 넣고 한 숨 죽을 정도로만 볶는다.

③ 두부, 시금치 간하기
구운 두부는 쯔유를 뿌려 간을 맞추고, 시금치는 통깨를 넣어 섞는다.

맛 Up 두부는 간을 많이 하지 않아도 맛있다. 두부를 조금 도톰하게 잘라 구우면 잘 부서지지 않고 쯔유가 깊게 배어들지 않아 칼로리를 낮추기에 좋다.

담기 두부와 시금치는 식어도 맛있는 음식이므로 충분히 식힌 후 도시락에 담는다. 쯔유로 간한 두부와 통깨로만 맛을 낸 시금치의 양념이 잘 어우러진다.

PART 3

빵을 좋아한다면
샌드위치 도시락

곤약쌀, 퀴노아, 다시마국수, 두부국수 등 저칼로리 재료로 만든 도시락이에요. 쌀이나 밀가루를 사용하지 않고도, 맛있고 포만감 있는 식사를 즐길 수 있어요. 풍성하게 먹으면서 섭취 칼로리를 줄일 수 있는 슬기로운 한 끼입니다.

베이글샌드위치 + 양배추절임

뉴욕커의 아침 빵으로 유명한 베이글에 리코타 치즈와 사과, 오이를 얹고 견과류를 더해 만든 샌드위치예요. 베이글만 먹어도 든든하니 소는 간단하게 넣어도 좋아요.

양배추절임 43kcal

재료_1인분

베이글	100g(약 1개)
리코타 치즈	30g
사과	30g
오이	30g
호두	5g

양배추절임

채 썬 양배추	80g
홀그레인 머스터드	5g
레몬즙	1작은술

1 리코타 치즈 바르기
베이글을 옆으로 반 갈라 리코타 치즈를 펴 바른다.

2 소 준비하기
사과는 얄팍하게 저미고, 오이는 길쭉하게 저민다. 호두는 굵게 다진다.

3 샌드위치 만들기
베이글 한쪽에 호두를 얹고, 다른 한쪽에 사과와 오이를 얹어 맞붙인 후 반 자른다.

맛 Up 양배추절임은 양배추를 곱게 채 썰어 다른 재료와 겉절이를 하듯이 버무리면 된다. 시간이 지나면 숨이 죽어 절임처럼 된다. 미리 만들어두면 편하다.

담기 반으로 자른 베이글샌드위치를 지퍼백에 담거나 도시락 통에 담는다. 양배추절임은 다른 통에 담아 곁들인다.

브리치즈토스트 + 고구마스프레드

통밀식빵으로 토스트를 만들어 브리치즈로 맛을 더했어요.
시나몬 파우더를 더한 고구마스프레드가 입맛을 돋우는 간편 도시락이에요.

고구마스프레드 120kcal

재료_1인분

통밀식빵	70g(약 2장)
달걀	30g(약 1/2개)
우유	1큰술
올리브오일	1작은술
브리 치즈	20g

고구마스프레드

고구마	80g
시나몬 파우더	1/2작은술
올리고당	1/2작은술

① 식빵 손질하기
달걀을 풀어 우유와 섞은 후, 반으로 썬 식빵을 담갔다가 건진다.

② 식빵 굽기
팬에 올리브오일을 두르고 식빵을 넣어 앞뒤로 노르스름하게 굽는다.

③ 고구마와 치즈 준비하기
고구마를 껍질째 삶아 으깨어 스프레드를 만들고, 브리 치즈는 먹기 좋게 썬다.

맛 Up 달걀과 우유를 섞은 물에 시나몬 파우더를 넣으면 향이 더해져 맛있다. 토스트를 구운 후 설탕이나 슈거파우더를 조금 뿌려도 좋다.

담기 촉촉하고 고소하게 구운 토스트에 브리 치즈를 두껍지 않게 썰어 올려 도시락에 겹치지 않게 담는다. 고구마스프레드는 따로 담는다.

치아바타BLT + 블루베리주스

367 kcal

부드러운 속살과 바삭한 껍질, 담백한 맛의 치아바타에 베이컨과 레터스, 토마토를 넣어 만든 기본 샌드위치예요. 블루베리주스와 잘 어울려 기분 좋은 식사가 돼요.

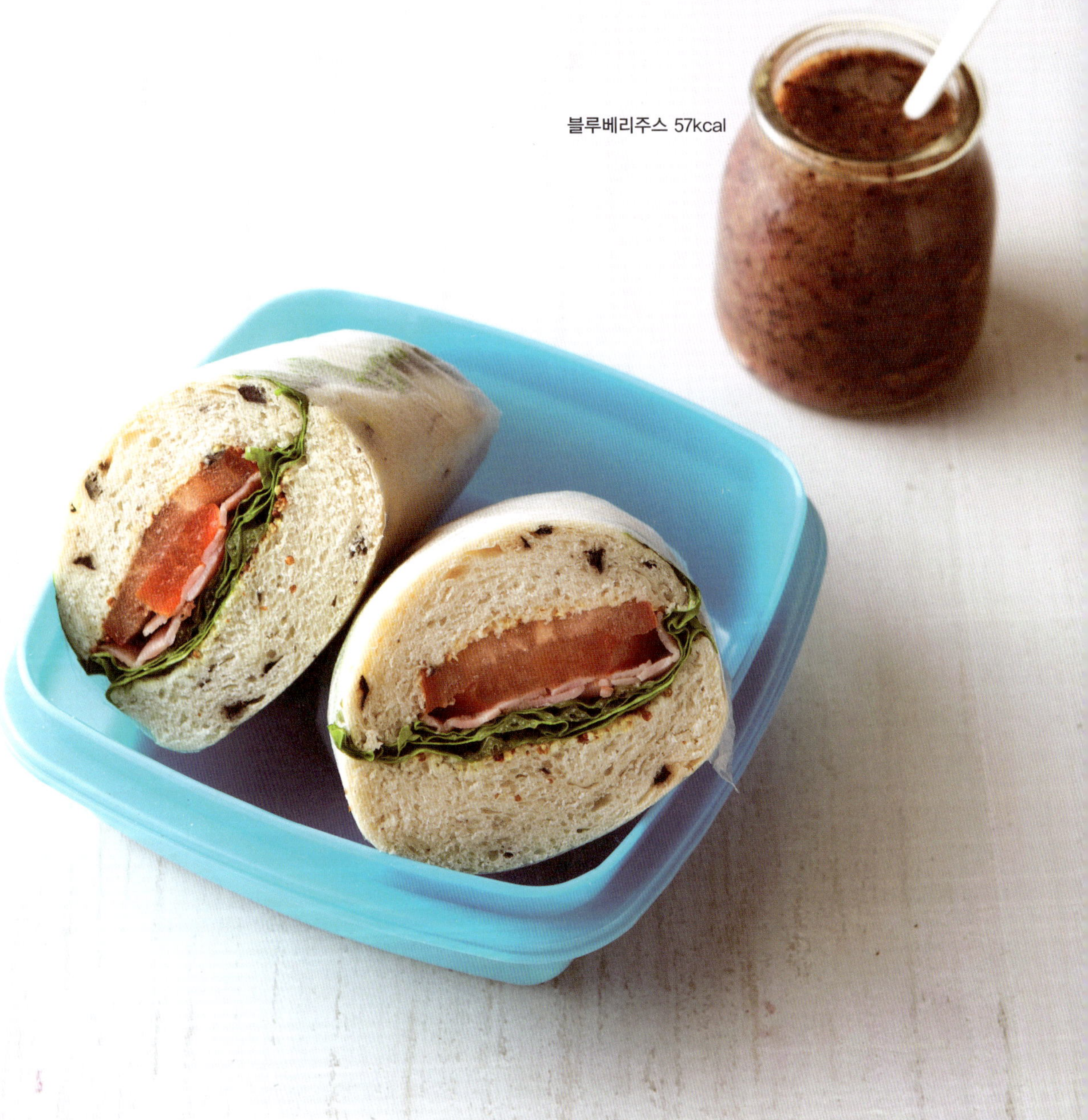

블루베리주스 57kcal

재료_1인분

올리브 치아바타	100g(약 1개)
베이컨	20g
레터스	40g
토마토	60g
홀그레인 머스터드	10g

블루베리주스

블루베리	100g
사과	20g
물	1/4컵

① 베이컨 기름 빼기
베이컨은 끓는 물에 데친 후, 팬에 구워 기름기를 충분히 뺀다.

② 레터스, 토마토 자르기
레터스는 씻어 물기를 빼고, 토마토는 얄팍하게 저며 썰어 물기를 뺀다.

③ 샌드위치 만들기
빵에 홀그레인 머스터드를 바르고 레터스, 베이컨, 토마토를 얹는다. 가볍게 누른 후 반으로 썬다.

맛 Up 슬라이스 치즈를 넣으면 진한 맛이 좋으며, 홀그레인 머스터드 대신 과일잼을 발라도 맛있다. 단, 칼로리에 주의한다.

담기 사각형 도시락에 빵의 겉이 보이게 담거나, 비닐 랩으로 싸서 지퍼 백이나 깊은 통에 세워서 담는다. 블루베리주스는 텀블러에 담는다.

호밀빵등심샌드위치 + 토마토주스

호밀빵에 구운 쇠고기를 채운 샌드위치. 쇠고기는 조금 큼직하게 잘라 씹는 맛을 살리고,
양파와 치커리로 속을 채워 맛을 더했어요.

토마토주스 48kcal

재료_1인분

호밀빵	1개(약 110g)
쇠고기(등심)	30g
허브 솔트	1/3작은술
후춧가루	1/2작은술
양파	20g
치커리	10g
홀그레인 머스터드	10g
머스터드소스	5g

토마토주스

토마토	250g
레몬즙	1작은술
물	1/4컵

1. 쇠고기 굽기
쇠고기는 네모지게 잘라 굽다가 허브 솔트와 후춧가루로 간해 완전히 익힌다.

2. 부재료 손질하기
양파는 채 썰어 물에 담갔다가 건지고, 치커리는 씻어 물기를 충분히 뺀다.

3. 샌드위치 만들기
호밀빵에 홀그레인 머스터드를 바르고 치커리, 양파, 쇠고기를 얹은 후 머스터드소스를 뿌린다.

맛 Up 다이어트 중에는 안심이나 사태 보다 칼로리가 낮은 등심을 쓰는 것이 좋다. 충분히 익혀 샌드위치에 넣는다.

담기 손이나 입가에 묻지 않게 비닐 랩이나 유산지로 감싸 반으로 썬다. 단면을 맞붙여 담으면 마르지 않는다. 토마토주스는 텀블러에 담는다.

호밀빵버거 + 버섯스크램블드에그

호밀빵 미니롤 사이에 새우와 함께 볶은 시금치를 채운 치즈버거예요.
버섯을 넣은 스크램블드에그를 곁들여 먹으면, 칼로리 걱정 없는 든든한 한 끼가 됩니다.

버섯스크램블드에그 83kcal

재료_1인분

호밀빵 미니롤	80g(약 2개)
시금치	30g
새우살	30g
슬라이스 치즈	25g
홀그레인 머스터드	10g
올리브오일	1/2작은술
소금	1/4작은술

버섯스크램블드에그

달걀	50g
표고버섯	30g
소금	1/4작은술
후춧가루	1/3작은술

① 시금치 볶기
시금치는 3cm 길이로, 새우살은 굵게 썬다. 올리브오일을 두른 팬에 볶다가 소금으로 간한다.

② 호밀빵 자르기
호밀빵은 옆으로 반 갈라 홀그레인 머스터드를 바른다.

③ 버섯스크램블드에그 만들기
달군 팬에 곱게 푼 달걀과 작게 썬 버섯을 넣어 스크램블드에그를 만든다.

맛 Up 새우와 시금치의 은은한 맛도 좋지만, 상큼한 향이 나는 오이를 얄팍하게 저며 넣으면 아작아작 씹는 재미가 있다.

담기 호밀빵 미니롤 사이에 치즈를 넣고, 볶은 시금치가 따뜻할 때 빵 사이에 채운다. 치즈버거와 버섯스크램블드에그를 각각 다른 통에 담는다.

바게트불고기샌드위치 + 파인애플주스 384 kcal

바게트에 양념한 불고기를 채운 샌드위치예요.
대나무 통처럼 속을 판 채로 판매하는 바게트를 이용하면 쉽게 만들 수 있어요.

파인애플주스 79kcal

재료_1인분

속을 판 바게트	80g
쇠고기(불고기용)	50g
방울토마토	60g
피망	30g
올리브오일	1작은술

불고기 양념

간장	1작은술
참기름	1/3작은술
다진 마늘	1/3작은술
소금	1/4작은술
후춧가루	1/3작은술

파인애플주스

파인애플	150g
물	1/4컵

1. 쇠고기 양념해 볶기
쇠고기는 불고기 양념에 조물조물 무쳐 볶는다.

2. 부재료 볶기
방울토마토는 3등분하고, 피망도 비슷한 크기로 썬다. 올리브오일을 두른 팬에 볶는다.

3. 바게트에 채우기
바게트에 불고기와 볶은 토마토, 피망을 어우러지게 채운다.

맛 Up 채 썬 양파를 갈색이 나도록 볶아서 얹으면 단맛이 나 불고기와 잘 어우러진다. 오이를 얄팍하게 저며 썰어 넣으면 개운한 맛이 더해진다.

담기 한 조각씩 들고 먹기 편한 샌드위치라 종이봉투나 지퍼 백에 담는 것도 좋다. 생수 넣어 간 파인애플주스는 텀블러나 밀폐력이 좋은 병에 담는다.

통밀빵러스크 + 방울토마토샐러드

354 kcal

통밀빵을 두껍지 않게 썰어 팬에 굽고 올리고당과 시나몬 파우더를 뿌린 심플 러스크예요.
토마토와 루콜라 샐러드를 곁들인 건강 도시락입니다.

방울토마토샐러드 41kcal

재료 _ 1인분

통밀빵	80g(약 1개)
올리브오일	1/2작은술
올리고당	1큰술
시나몬 파우더	1작은술

방울토마토샐러드

방울토마토	100g
루콜라	30g
발사믹 글레이즈	2작은술
슬라이스 아몬드	10g

1 통밀빵 자르기
통밀빵은 큼직하게 저며 썬다.

2 빵 굽기
팬에 올리브오일을 두르고 빵을 구운 후, 올리고당과 시나몬 파우더를 뿌린다.

3 샐러드 만들기
방울토마토는 반으로 썰고, 루콜라도 먹기 좋게 썰어 발사믹 글레이즈를 뿌린다.

맛 Up 빵을 굽다가 뜨거울 때 설탕을 약간 뿌리면, 식은 후에 설탕이 씹히며 바삭한 맛이 난다. 자일리톨 설탕을 사용하면 몸에 흡수가 덜 되어 칼로리 걱정을 덜 수 있다.

담기 러스크의 바삭함을 유지하기 위해 빵과 샐러드를 각각 다른 통에 담는다. 러스크는 충분히 식힌 후에 담고, 샐러드는 도시락에 담은 다음 슬라이스 아몬드를 뿌린다.

통곡물빵구이 + 관자토마토수프

322 kcal

통밀로 만든 빵을 저며 팬에 굽고, 관자와 셀러리 등을 넣어 감칠맛 나게 만든
토마토수프를 곁들였어요. 빵과 수프의 맛이 잘 어울려요.

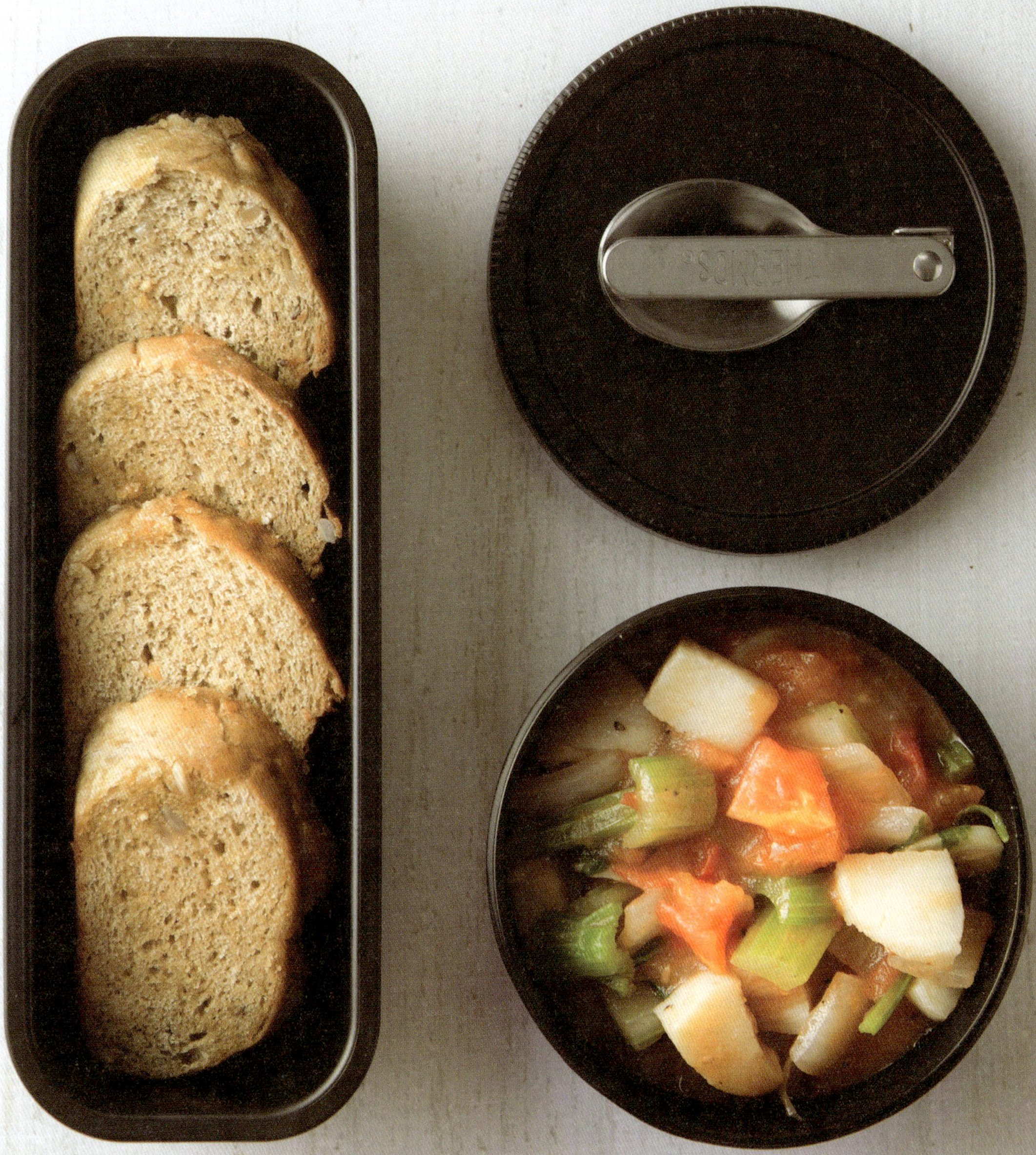

관자토마토수프 123kcal

재료_1인분

통곡물빵	50g(약 1/2개)
올리브오일	1/2작은술

관자토마토수프

조개관자	80g
토마토	150g
셀러리	30g
양파	20g
저민 마늘	10g
소금	1/2작은술
후춧가루	1/2작은술
물	1/3컵

① 빵 썰어 굽기
통곡물빵을 저며 썰어 올리브오일을 두른 팬에 살짝 굽는다.

② 수프 재료 준비하기
토마토는 큼직하고 네모지게 썰고, 셀러리와 양파도 큼직하게 썬다. 조개관자도 비슷한 크기로 썬다.

③ 수프 끓이기
토마토, 셀러리, 양파, 마늘, 조개관자에 물을 부어 끓이다가 소금, 후춧가루로 간한다.

맛 Up 토마토 대신 토마토 홀을 이용하면 더 진한 맛을 낼 수 있다. 파르메산 치즈가루나 타임, 오레가노 등의 허브를 넣으면 향이 깊어진다.

담기 구운 빵은 한 김 식혀 도시락에 가지런히 담는다. 토마토수프는 식어도 맛있지만, 따뜻할 때 텀블러나 보온병에 담는 것이 좋다.

토르티야치킨랩 + 햄프씨드요구르트

392 kcal

토르티야에 데쳐서 양념한 닭가슴살과 셀러리를 채우고 청양고추로 매운 맛을 더한 건강식이에요. 플레인 요구르트에 햄프씨드를 넣은 디저트도 챙겼어요.

햄프씨드요구르트 78kcal

재료 _ 1인분

토르티야	80g
닭가슴살	50g
셀러리	50g
로메인	20g
청양고추	10g
홀그레인 머스터드	10g
스리라차 소스	1큰술

햄프씨드요구르트

플레인 요구르트	80g
햄프씨드	5g

1 닭가슴살 준비하기
닭가슴살은 무르도록 삶아 결대로 찢은 후, 홀그레인 머스터드를 넣어 고루 섞는다.

2 부재료 준비하기
셀러리는 어슷하게 썰고, 로메인은 물기를 털고, 청양고추는 굵게 다진다.

3 말기
토르티야에 스리라차 소스를 바르고 닭고기와 채소를 올려 만다.

맛 Up 모차렐라 치즈를 조금 넣고 말아 오븐이나 팬에 살짝 구우면 맛이 좋아지고 치즈가 녹아 속 재료와 엉겨 덜 흘러나온다.

담기 가장자리가 풀리지 않게 돌돌 말아 김밥처럼 먹기 좋게 썰어 담는다. 큼직하게 반 썰어 손으로 들고 먹을 수 있게 해도 좋다. 햄프씨드요구르트는 작은 통에 담는다.

토르티야피자 + 과카몰리

335 kcal

토르티야로 피자를 만들면 일반 피자보다 조리 시간도 짧고 만들기도 쉬워요.
마늘과 치즈만 얹어 굽고 아보카도로 만든 과카몰리를 곁들인 초간단 도시락입니다.

과카몰리 109kcal

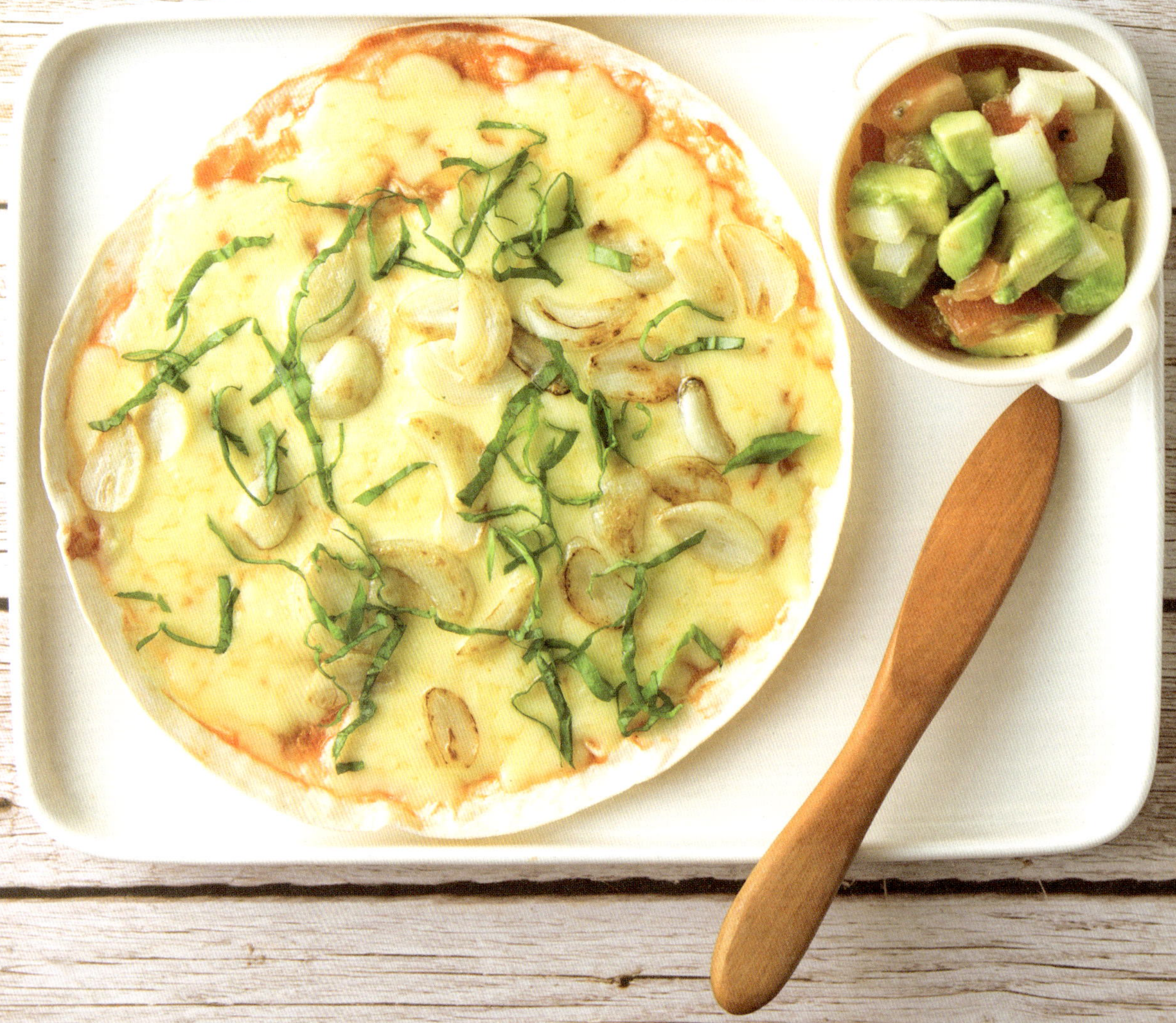

재료 _ 1인분

토르티야	40g
저민 마늘	30g
모차렐라 치즈	40g
스리라차 소스	2작은술
올리브오일	1작은술
바질 잎	5g

과카몰리

아보카도	50g
토마토	60g
양파	20g
레몬	1/8조각
소금	1/3작은술
후춧가루	1/4작은술

① **마늘 굽기**
팬에 올리브오일을 두르고 저민 마늘을 넣어 약한 불에서 갈색이 나게 굽는다.

② **피자 굽기**
토르티야에 스리라차 소스를 바르고 모차렐라 치즈와 마늘을 얹어 치즈가 녹도록 굽는다.

③ **과카몰리 만들기**
아보카도, 토마토, 양파를 굵게 다진 후, 레몬즙과 소금, 후춧가루를 넣어 고루 섞는다.

맛 Up 모차렐라 치즈 대신 고르곤졸라 치즈를 얹어 구우면 더욱 맛있다. 올리고당에 다진 땅콩을 섞어 올리고당을 소스처럼 곁들이면 유명 레스토랑 메뉴처럼 즐길 수 있다.

담기 속이 깊지 않은 도시락을 준비해 채 썬 바질 잎을 얹은 토르티야 피자를 담는다. 피자처럼 잘라 담아도 좋다. 과카몰리는 따로 담는다.

플레인팬케이크 + 데친 베이컨

358 kcal

팬케이크 믹스에 우유와 달걀을 섞어 만들었어요.
베이컨은 끓는 물에 살짝 데치고 시럽 대신 올리고당으로 단맛을 내 칼로리를 줄였어요.

데친 베이컨 122kcal

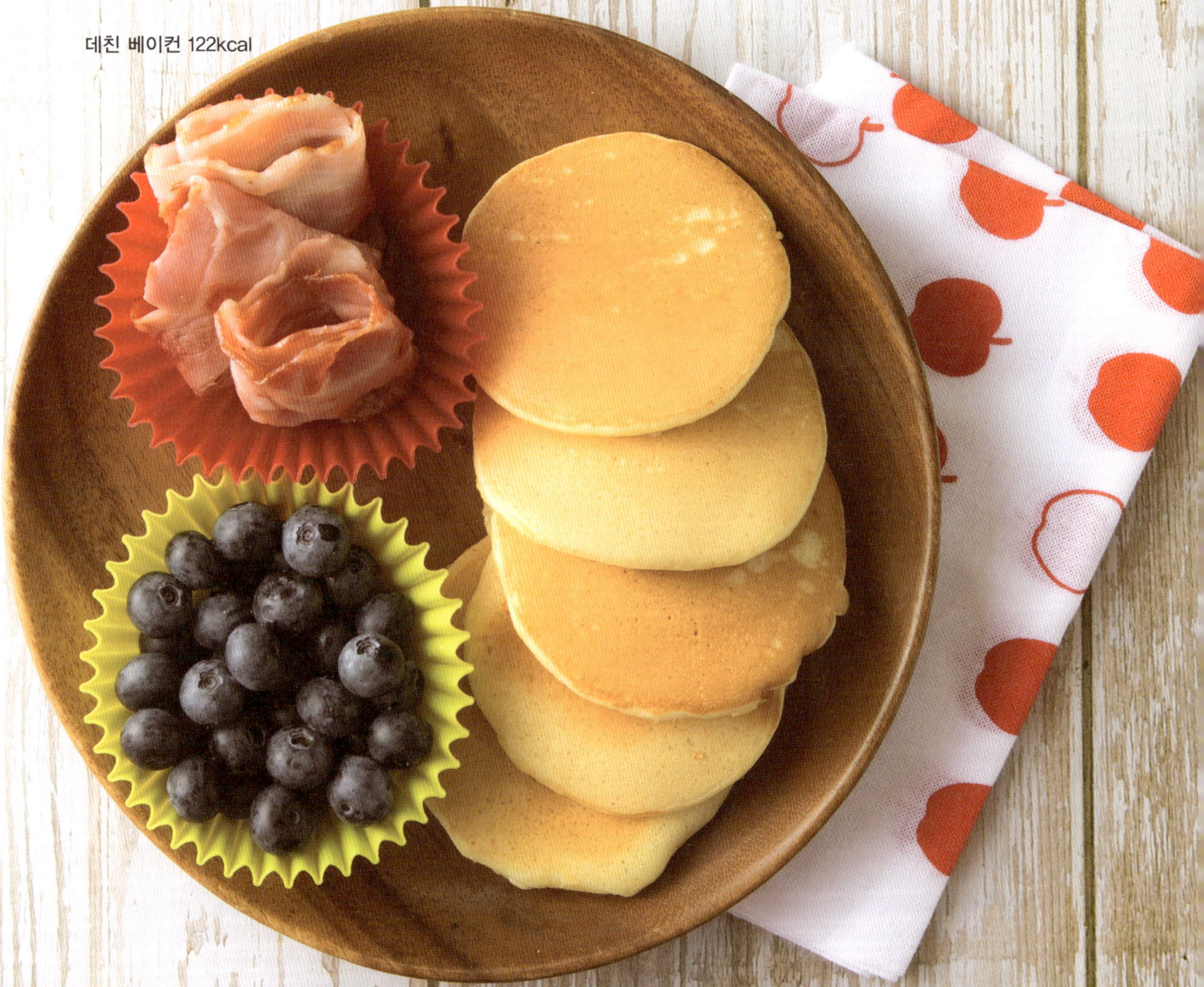

재료_1인분

팬케이크 믹스	60g
우유	2큰술
달걀	30g(약 1/2개)
블루베리	60g
올리브오일	1작은술
올리고당	1/2큰술
베이컨	50g

1 반죽하기
팬케이크 믹스에 우유와 달걀을 넣어 고루 섞는다.

2 팬케이크 굽기
팬에 올리브오일을 두르고 종이타월로 살짝 닦은 후, 반죽을 부어 조금 작게 굽는다.

3 곁들이 손질하기
블루베리는 씻어 건진다. 베이컨은 끓는 물에 데쳐 기름기를 빼고 물기를 닦는다.

맛 Up 베이컨의 바삭한 맛을 원한다면 데친 베이컨을 팬이나 에어 프라이어에 다시 한번 굽는다. 에어프라이어에 구울 때는 낮은 온도로 잠깐 굽는다.

담기 속이 깊지 않은 도시락에 팬케이크를 담고, 베이컨과 블루베리를 곁들인다. 올리고당은 뚜껑 있는 작은 통에 따로 담는다.

퀴노아팬케이크 + 삶은 달걀

380 kcal

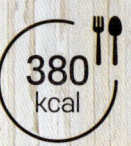

삶은 퀴노아를 곱게 으깨어 달걀과 아몬드를 섞어 만든 이색 팬케이크입니다.
채 썬 양배추를 볶아 올려 씹는 맛도 좋아요. 칼로리 걱정을 덜면서 새로운 맛을 즐겨보세요.

삶은 달걀 66kcal

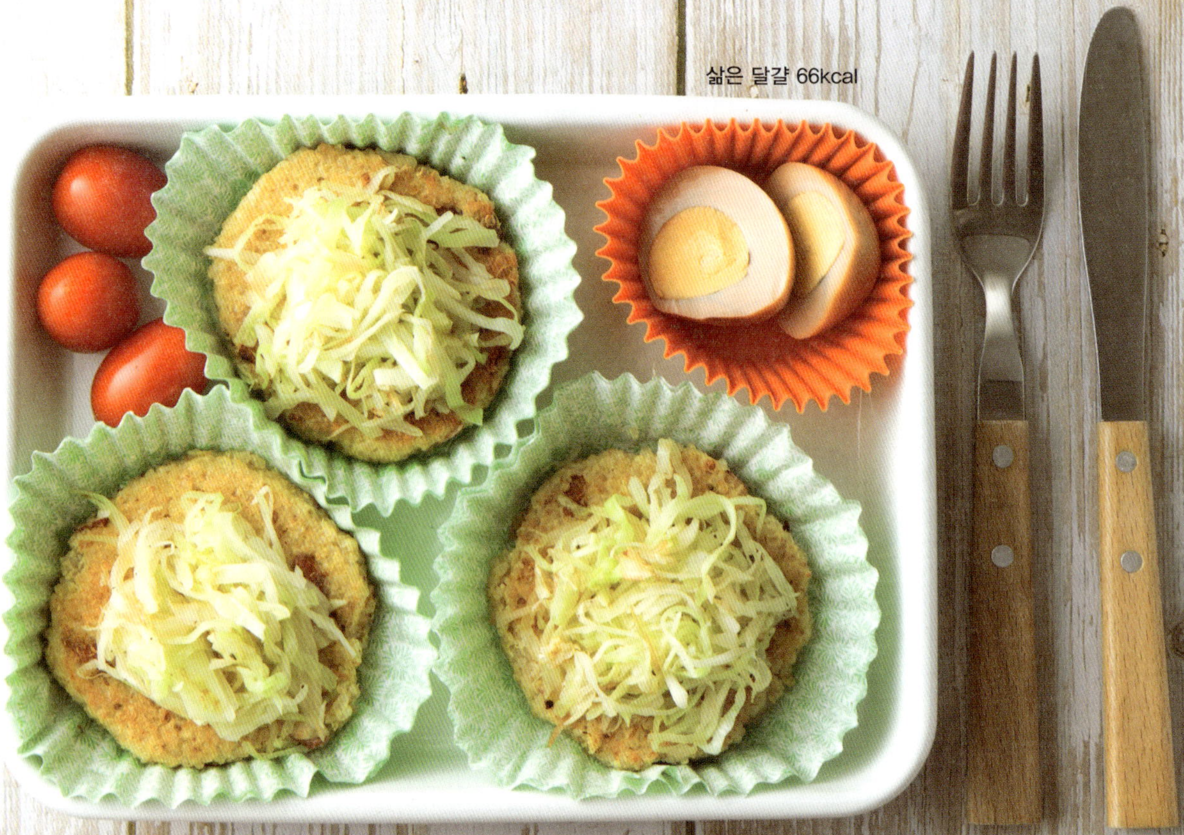

재료_1인분

채 썬 양배추	100g
삶은 퀴노아	50g
다진 아몬드	10g
달걀	50g(약 1개)
올리브오일	1/2큰술
소금	1/4작은술
후춧가루	1/2작은술
삶은 달걀	50g(약 1개)

1 양배추 볶기
팬에 올리브오일 1/4큰술을 두르고 채 썬 양배추를 볶다가 소금과 후춧가루로 간한다.

2 퀴노아 반죽하기
삶은 퀴노아를 주걱으로 으깬 후, 다진 아몬드와 달걀을 넣어 반죽한다.

3 팬케이크 굽기
팬에 올리브오일을 1/4큰술을 두르고 반죽을 덜어 둥글납작하게 굽다가 볶은 양배추를 얹는다.

맛 Up 퀴노아 반죽에 할라피뇨를 잘게 썰어 섞으면 맛이 잘 어울리고 간간하다. 달걀은 완숙일 경우 12분, 반숙일 경우 6~8분 정도 삶으면 적당하다.

담기 퀴노아에 달걀을 넣어도 찰기가 약해 부서질 수 있다. 베이킹 컵에 담아서 도시락에 담는 것이 좋다. 삶은 달걀도 먹기 좋게 잘라 곁들인다.

PART 4

한 그릇의 맛과 영양
별식 도시락

다이어트 중에 피해야 할 식품 중 하나가 빵이죠. 빵을 좋아하는 사람들에겐 참 힘든 일이에요. 하지만 정제된 밀가루 대신 통곡물로 만든 빵을 이용하면 칼로리 걱정을 덜 수 있어요. 영양도 챙기고 맛도 즐길 수 있는 샌드위치 도시락을 소개합니다.

연어곤약쌀밥

곤약을 쌀 모양으로 만든 곤약쌀은 쌀과 섞어 밥을 지으면 구분하기 어려울 정도로 쌀과 비슷해요.
단촛물로 맛을 낸 밥에 연어를 작게 잘라 얹어 깔끔하면서 든든합니다.

재료_1인분

곤약쌀현미밥(p.169)	150g
훈제연어	80g
실파	10g
명이나물장아찌	10g

단촛물

올리고당	1작은술
식초	1/2작은술

1. 곤약쌀밥에 단촛물 섞기
한 김 식힌 곤약쌀밥에 단촛물 재료를 넣고 고루 섞는다.

2. 연어, 명이나물 썰기
훈제연어는 작게 썰고, 명이나물장아찌는 곱게 다진다. 실파는 송송 썬다.

3. 도시락에 담기
단촛물 섞은 밥을 도시락에 넓게 펴 담고, 명이나물장아찌와 훈제연어를 올린다. 실파를 뿌린다.

맛 Up 초밥이나 주먹밥, 김밥을 만들 때는 밥을 조금 되게 해야 다른 재료를 넣고 섞어도 질척거리지 않는다. 단촛물 대신 들기름으로 밥을 비벼도 맛있다.

담기 깊이가 있는 도시락에 밥을 반 정도 차게 펴 담고 연어와 명이나물장아찌, 실파를 얹는다. 깔끔하고 명이나물의 향이 돌아 맛있다.

두부구이톳현미밥

344 kcal

두부를 바삭하게 구우면 겉은 쫄깃하고 속은 부드러워 씹는 맛이 좋아요.
톳 향이 은은하게 나는 톳현미밥은 칼로리가 낮고 장운동도 도와 일석이조예요.

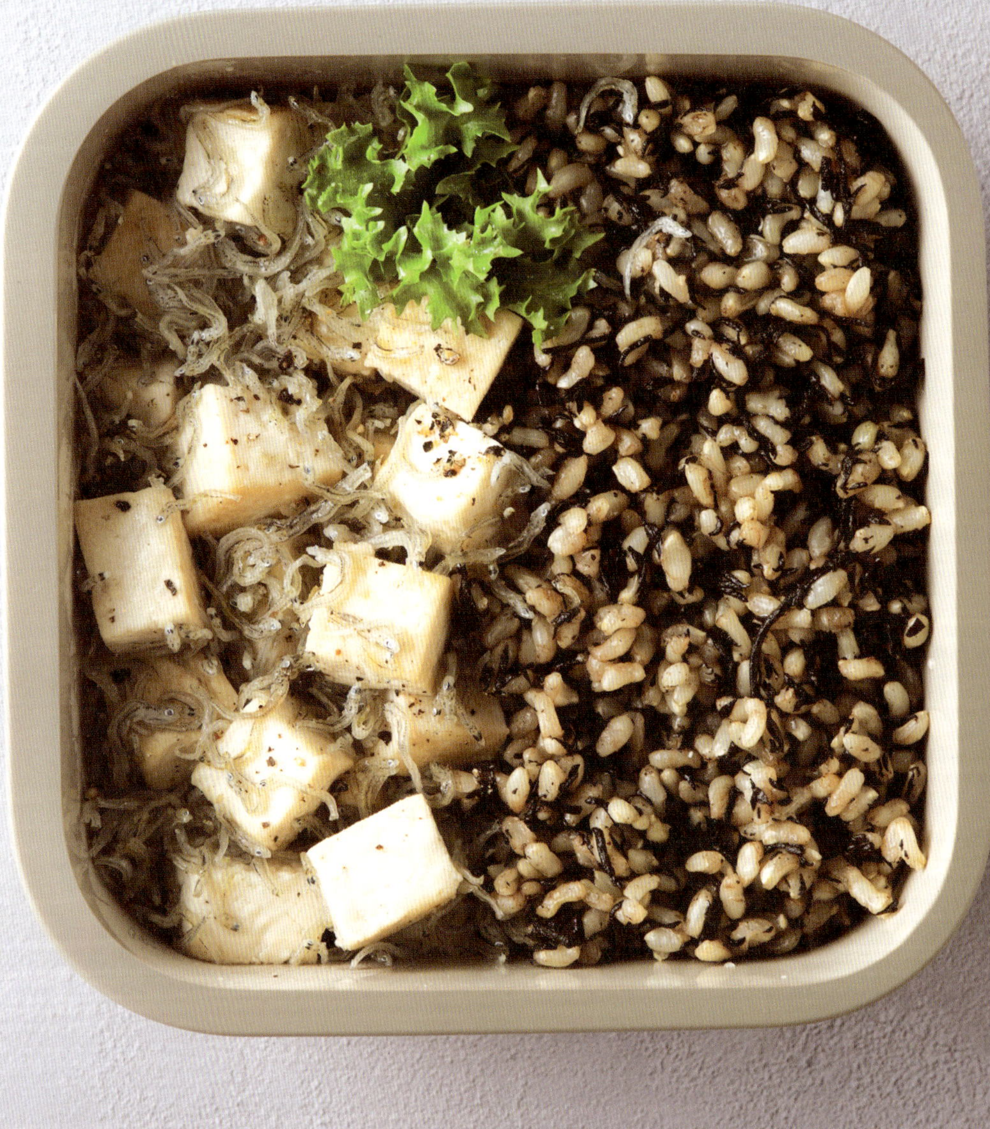

재료_1인분

톳현미밥(p.169)	120g
두부	100g
잔멸치	15g
올리브오일	1작은술
간장	1작은술
올리고당	1/2작은술
후춧가루	1/4작은술

1 두부 썰기
두부는 사방 1cm 크기로 썰어서 종이타월 위에 올려 물기를 뺀다.

2 멸치 짠맛 빼기
잔멸치는 물에 1분 정도 담갔다 건져 짠맛을 뺀다.

3 두부 굽기
달군 팬에 올리브오일을 두르고 두부와 잔멸치를 굽다가 간장, 올리고당, 후춧가루로 맛을 낸다.

맛 Up 톳현미밥에 들기름을 조금 넣어 비비거나 쯔유와 고추냉이, 들기름을 아주 조금씩 넣어 비비면 더욱 고소하고 맛있다.

담기 한 김 식힌 톳현미밥을 도시락에 고루 펴 담고, 멸치를 넣어 구운 두부를 얹는다. 뚜껑을 덮었을 때 두부가 뭉개지지 않게 깊이가 있는 도시락이 적당하다.

퀴노아오믈렛

365 kcal

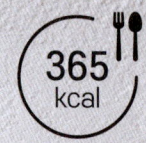

삶은 퀴노아로 속을 채워 포만감이 큰 오믈렛이에요.
베이컨은 데쳐서 기름을 빼고, 모차렐라 치즈를 넣어 속 재료가 잘 어우러지게 했어요.

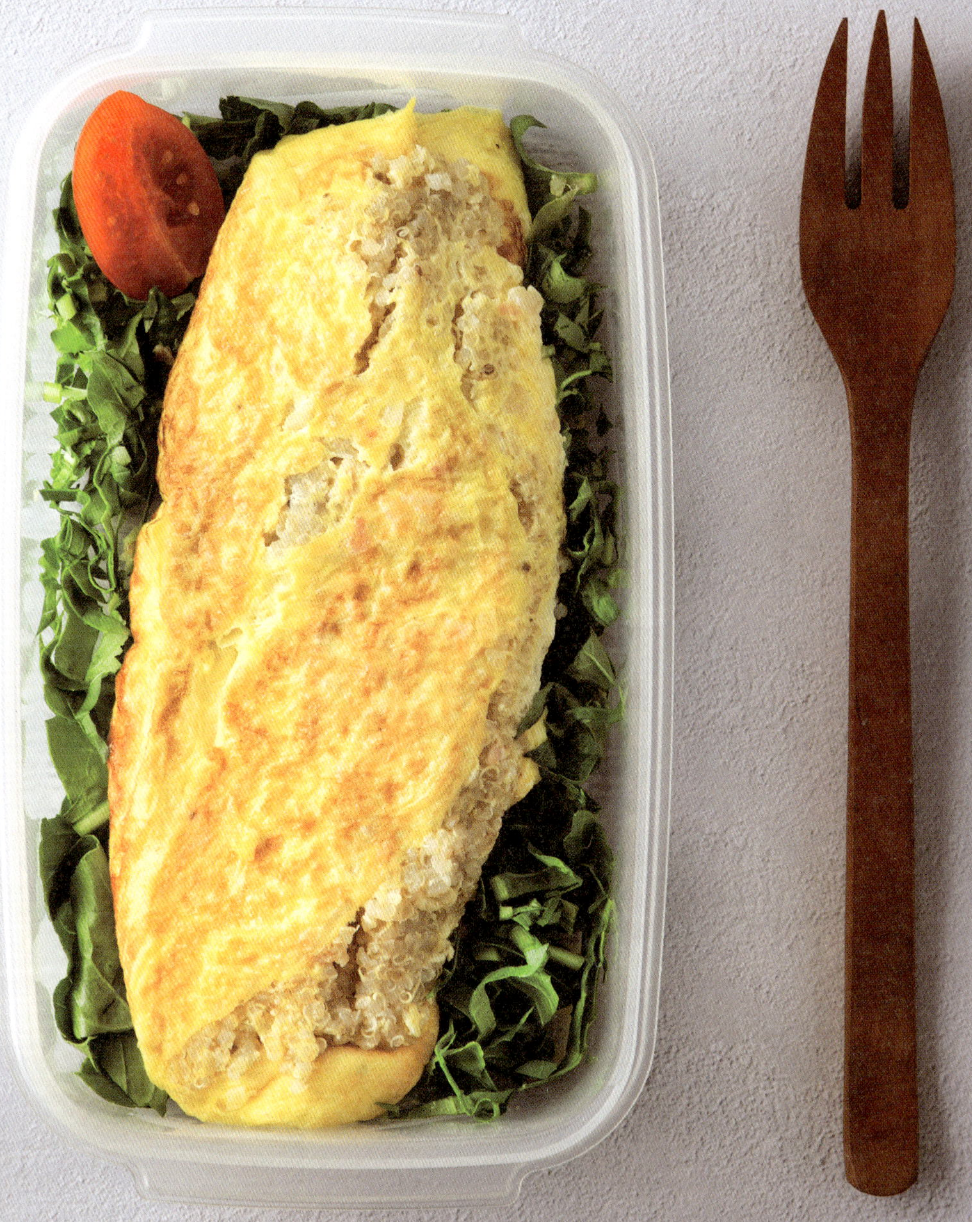

재료_1인분

달걀	150g(약 3개)
우유	1/4컵
삶은 퀴노아	25g
베이컨	30g
양파	30g
모차렐라 치즈	20g
올리브오일	1작은술
소금	1/4작은술
후춧가루	1/2작은술

1. 달걀 풀기
달걀을 풀어 우유와 섞은 후 소금과 후춧가루로 간한다.

2. 부재료 손질하기
베이컨은 데쳐서 잘게 다지고, 양파도 곱게 다진다.

3. 오믈렛 만들기
올리브오일을 두른 팬에 달걀물을 붓고 베이컨과 양파, 모차렐라 치즈, 삶은 퀴노아를 얹어 오믈렛 모양을 만든다.

맛 Up 오믈렛은 넣는 재료에 따라 다양한 맛을 즐길 수 있다. 달걀물에 우유를 넣으면 부드러운 맛이 더해지고 식어도 맛이 유지된다.

담기 길쭉한 직사각형 도시락을 준비해 오믈렛을 통째로 담는다. 스리라차 소스나 홀그레인 머스터드를 곁들여도 좋고, 방울토마토를 함께 담아도 잘 어울린다.

새우볶음두부국수

281 kcal

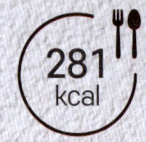

두부를 압착한 포두부를 국수처럼 자른 것이 두부국수예요.
다이어트 식품으로 인기인 두부국수에 새우살과 청경채를 넣어 볶았어요.

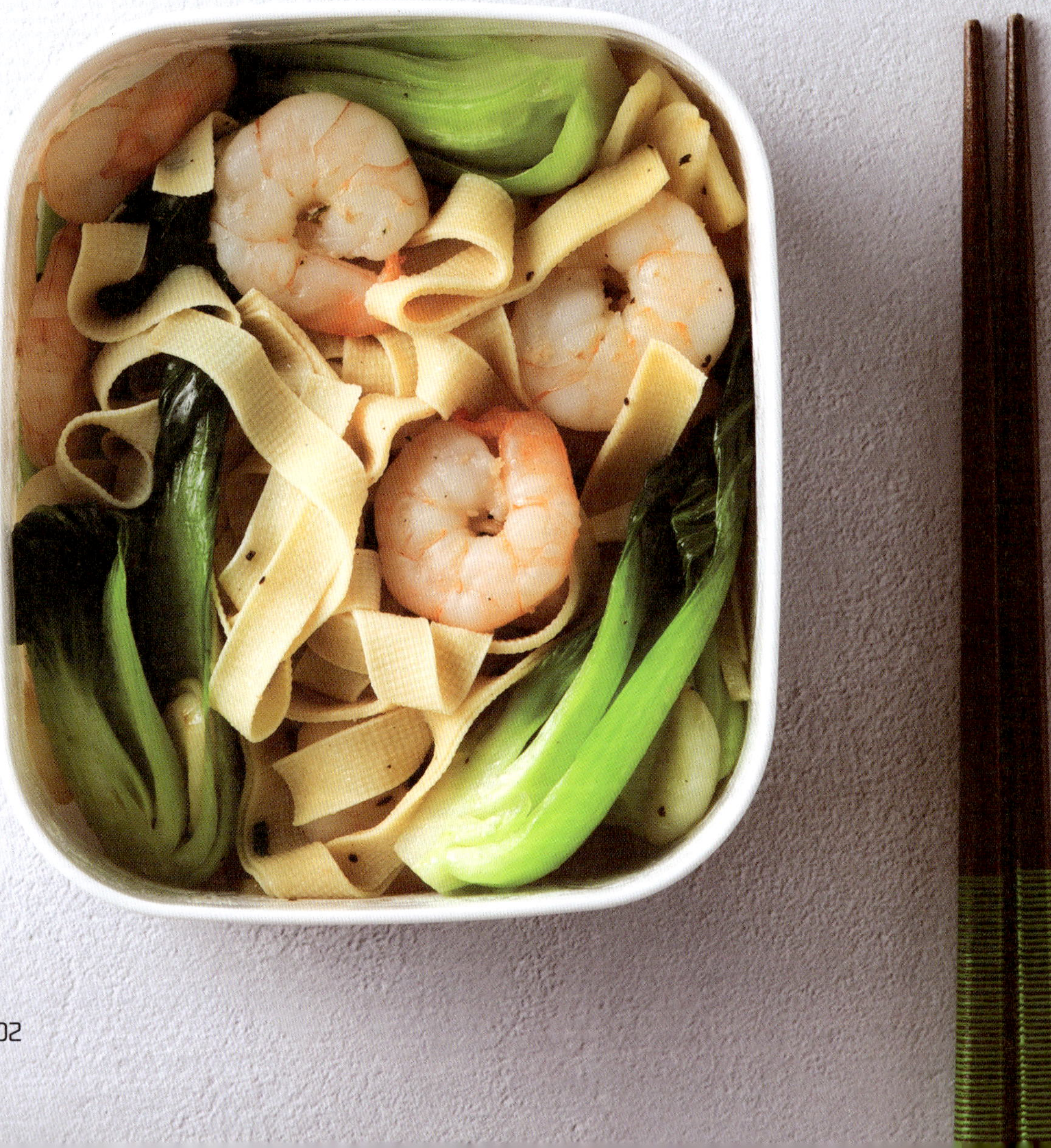

재료_1인분

포두부	50g
새우살	80g
청경채	60g
저민 마늘	20g
올리브오일	1/2큰술
간장	1/3작은술
굴소스	1/3작은술
후춧가루	1/4작은술

① 두부국수 데치기
포두부를 돌돌 말아 0.5cm 폭으로 썬다. 뜨거운 물에 1분 정도 담갔다가 건진다.

② 부재료 손질하기
새우살은 씻어 물기를 빼고, 청경채는 3등분한다.

③ 볶기
올리브오일을 두른 팬에 새우살, 마늘, 두부국수를 볶다가 간장, 굴소스, 후춧가루로 양념한다. 청경채를 넣어 살짝 볶는다.

맛 Up 두부국수에 파스타 소스를 넣고 볶아 파스타를 만들어도 좋고, 멸치국물에 말아 내도 좋다.

담기 두부국수를 도시락에 담고 새우살과 청경채, 마늘을 토핑처럼 얹는다. 도시락을 열었을 때 맛있어 보이게 담는 것도 요령이다.

콩쇠고기스테이크

321 kcal

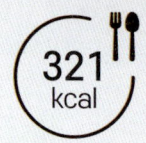

부드럽게 삶은 대두를 곱게 갈아 다진 쇠고기를 넣어 만든 영양만점 스테이크예요.
볶은 숙주나물을 곁들여 아삭한 맛도 즐길 수 있어요.

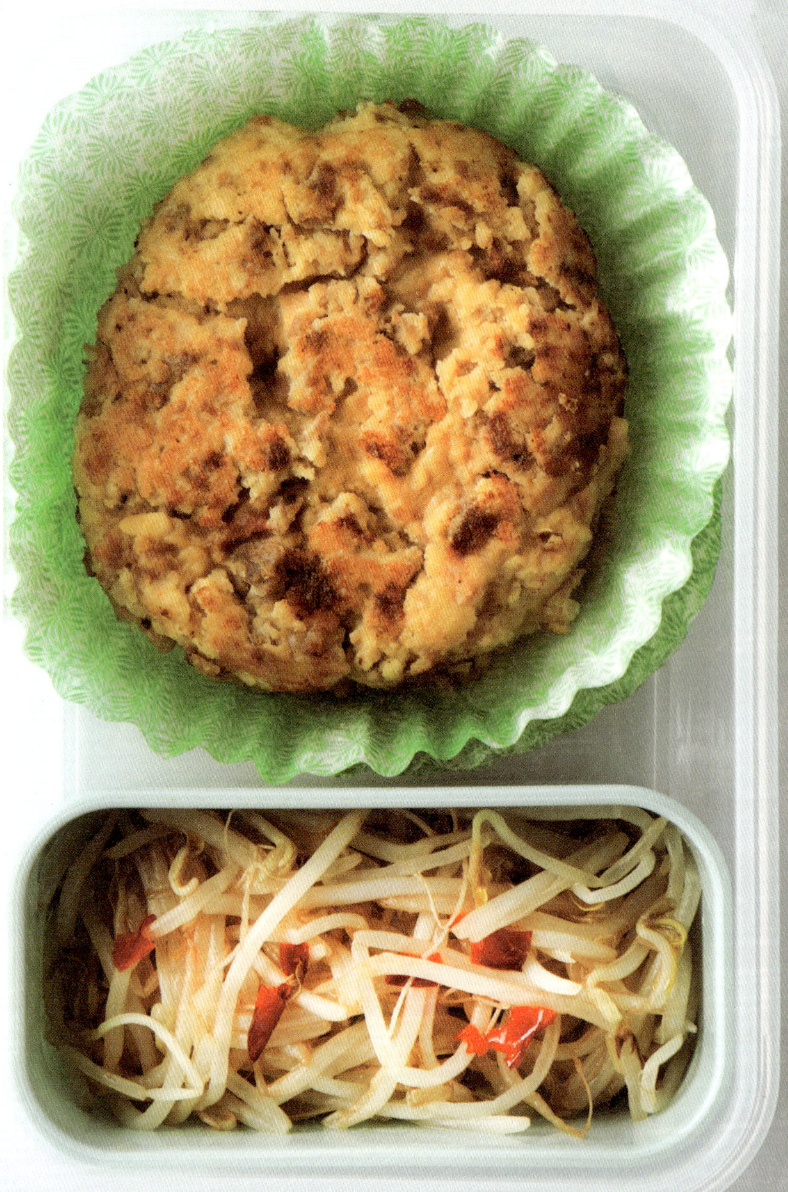

재료 _ 1인분

삶은 대두	80g
다진 쇠고기(등심)	50g
달걀	50g(약 1개)
다진 마늘	1/4작은술
후춧가루	1/4작은술
소금	1/3작은술
올리브오일	1/2작은술
숙주	100g
굴소스	1/3작은술
쯔유	1/4작은술
베트남 고추	5g

1 패티 만들기
삶은 대두를 믹서에 갈아 다진 쇠고기, 달걀, 다진 마늘, 후춧가루, 소금으로 양념해 동그랗게 빚는다.

2 패티 굽기
달군 팬에 올리브오일을 두르고 앞뒤로 굽는다. 부서지지 않도록 조심한다.

3 숙주 볶기
숙주를 팬에 넣고 굴소스와 쯔유, 반으로 자른 베트남 고추를 넣어 센 불에서 볶는다.

맛 Up 간 콩에 쇠고기를 섞을 때 빵가루나 밀가루를 조금 넣으면 잘 뭉쳐져 부서지지 않고 고소하다.

담기 도시락에 베이킹용 종이컵을 넣고 스테이크를 부서지지 않게 담는다. 숙주나물은 국물이 생길 수 있으니 분리해서 담는다.

비빔다시마국수

다시마국수로 만든 이색 비빔국수로 밀가루나 녹말가루가 들어가지 않아 도시락으로 즐길 수 있어요. 다양한 부재료로 맛의 변화를 줘도 좋아요.

재료_1인분

시판 다시마국수	180g
삶은 문어	100g
무순	30g
청양고추	10g

양념장

쯔유	1작은술
맛술	1/2작은술
고추냉이	1/3작은술
올리고당	1/4작은술

1 다시마국수 손질하기
다시마국수를 체에 받치고 뜨거운 물을 부어 헹군 후 물기를 충분히 뺀다.

2 부재료 손질하기
삶은 문어는 얄팍하게 저며 썰고, 무순은 헹구고, 청양고추는 굵게 다진다.

3 양념장 만들기
양념장 재료를 한데 담아 고루 섞는다.

맛 Up 간장양념 대신 고추장이나 고춧가루로 만든 양념장도 좋다. 설탕 대신 올리고당으로 단맛을 내고 식초를 약간 더하면 새콤달콤한 비빔 양념장이 된다.

담기 다시마국수에 양념장을 넣고 비벼야 하므로 깊은 도시락이 좋다. 다시마국수를 담고 그 위에 문어와 무순, 청양고추를 얹는다. 양념장은 따로 담아도 좋다.

곤드레귀리밥달걀롤

321 kcal

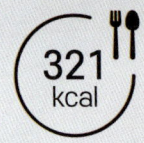

곤드레와 귀리를 넣어 지은 영양밥을 지단으로 돌돌 말았어요.
당근채나물로 속을 채워 든든하면서 소화도 잘되는 간단 일품 도시락입니다.

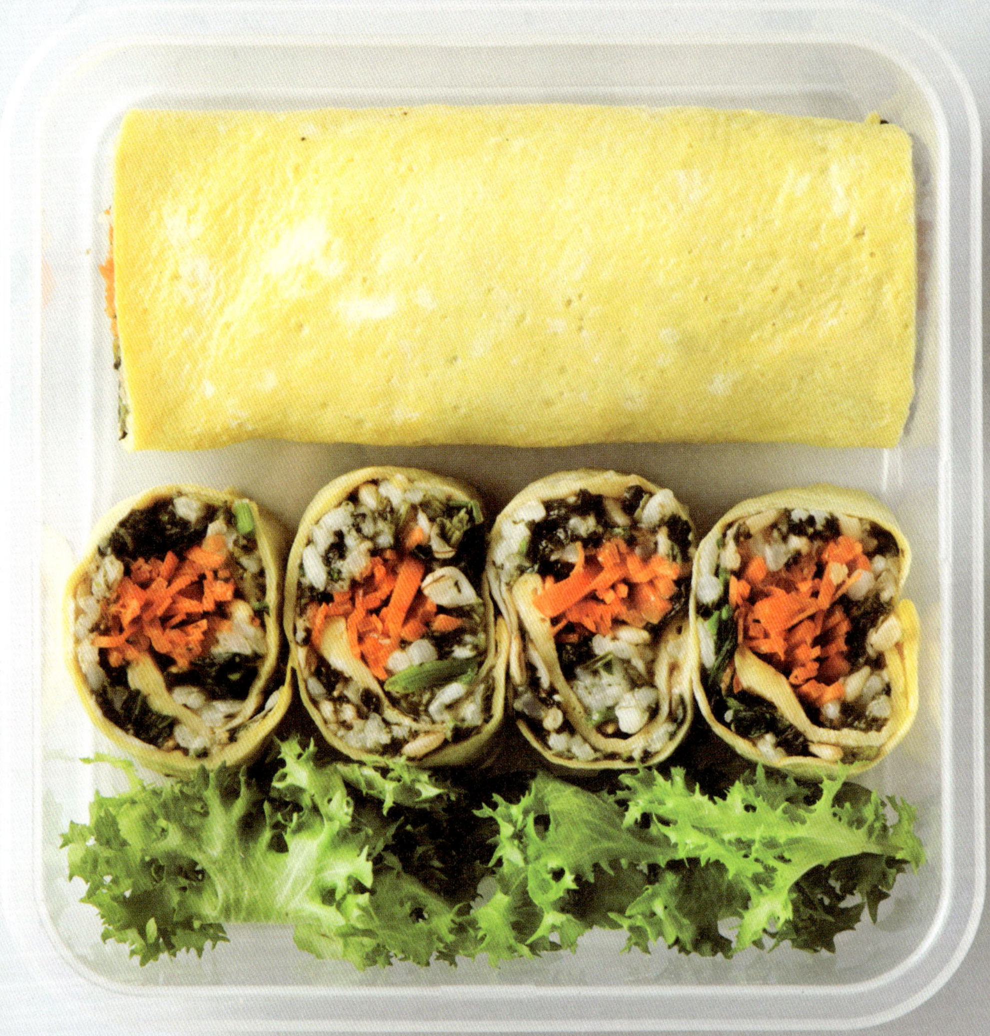

재료 _ 1인분

곤드레귀리밥(p.171)	120g
달걀	80g(약 1½개)
채 썬 당근	70g
들기름	1작은술
쯔유	1/3작은술
소금	1/4작은술
물	2큰술

1 지단 부치기
달걀을 곱게 풀어 쯔유로 간을 한 후 지단을 두껍지 않게 부친다.

2 당근채나물 볶기
팬에 들기름 1/2작은술을 두르고 채 썬 당근을 볶는다. 물을 조금 붓고 소금으로 간해 살캉거릴 정도로 볶는다.

3 말기
밥에 들기름 1/2작은술을 넣고 비빈다. 지단 위에 밥을 얹고 당근채나물을 올려 돌돌 만다.

맛 Up 밥을 지을 때 들기름을 넣으면 나물과 밥에 윤기가 돌고 향도 좋다. 우엉채 등을 넣으면 씹는 맛이 좋다.

담기 달걀 롤이 풀어지지 않도록 김발로 감싸 다시 한번 만 후, 한입 크기로 썰어 도시락에 촘촘하고 가지런히 담는다.

어향가지덮밥

308 kcal

어향은 생선에 향을 더한다는 뜻이에요. 매콤, 새콤, 달콤, 짭짤한 소스는 생선뿐만 아니라 고기, 채소에 맛을 내는 데도 좋아요. 가지에 돼지고기를 넣어 어향가지 덮밥을 만들어 보세요.

재료 _ 1인분

퀴노아밥(p.171)	100g
가지	100g
양파	30g
들기름	1/2작은술
다진 돼지고기	30g
두반장	1/3작은술
간장	1/3작은술
올리고당	1/2작은술
식초	1/2작은술

1. 가지, 양파 손질하기
가지는 큼직하고 어슷하게 썬다. 양파는 굵게 다진다.

2. 볶기
팬에 들기름을 두르고 양파를 볶다가 다진 돼지고기와 두반장, 간장을 넣어 볶는다.

3. 양념하기
고기가 익으면 가지를 넣어 볶다가 올리고당과 식초를 넣어 새콤달콤한 맛을 낸다.

맛 Up 어향가지를 제대로 즐기려면 가지에 밀가루 옷을 입혀 튀긴 후 어향 양념에 볶는다. 밥에 얹어도 좋고, 구운 만두나 볶은 국수와 같이 먹어도 맛있다.

담기 속이 깊은 도시락에 밥을 퍼 담고 어향가지를 고루 얹는다. 다이어트 중에는 볶음밥보다 덮밥이 칼로리가 낮고 담백해 좋다.

포두부닭고기말이

춘권피나 라이스페이퍼 대신 포두부를 사용해 닭가슴살을 말았어요.
파프리카를 넣어 신선한 맛과 아삭한 질감이 좋아요.

재료_1인분

포두부	50g
닭가슴살	80g
파프리카	70g
양파	30g
올리브오일	1작은술

양념

간장	1/3작은술
맛술	1/2작은술
다진 마늘	1/3작은술
후춧가루	1/3작은술

① 포두부 데치기
포두부는 뜨거운 물에 1분 정도 담갔다가 건진다.

② 부재료 썰기
준비한 양념으로 간을 한 닭가슴살과 굵직하게 채 썬 파프리카, 양파는 올리브오일을 두른 팬에 볶는다.

③ 말기
포두부에 볶은 재료를 적당히 덜어 올리고 포두부를 팽팽하게 잡아당기며 만다.

맛 Up 닭고기 대신 쇠고기나 돼지고기를, 파프리카 대신 오이나 비트, 무, 콩나물, 시금치 등을 넣어도 좋다. 다양한 재료로 변화를 줄 수 있다.

담기 한입 크기로 썰어 끝이 풀리지 않도록 조심해 담는다. 포두부에 넣을 소는 양념이나 국물이 흐르지 않도록 바특하게 볶는 것이 좋다.

오징어주키니파스타

322 kcal

애호박보다 부드럽고 길쭉한 주키니를 채칼로 길게 썰어 국수 대신 사용한 이색 파스타에요.
넣는 재료에 따라 맛의 변화를 줄 수 있어요.

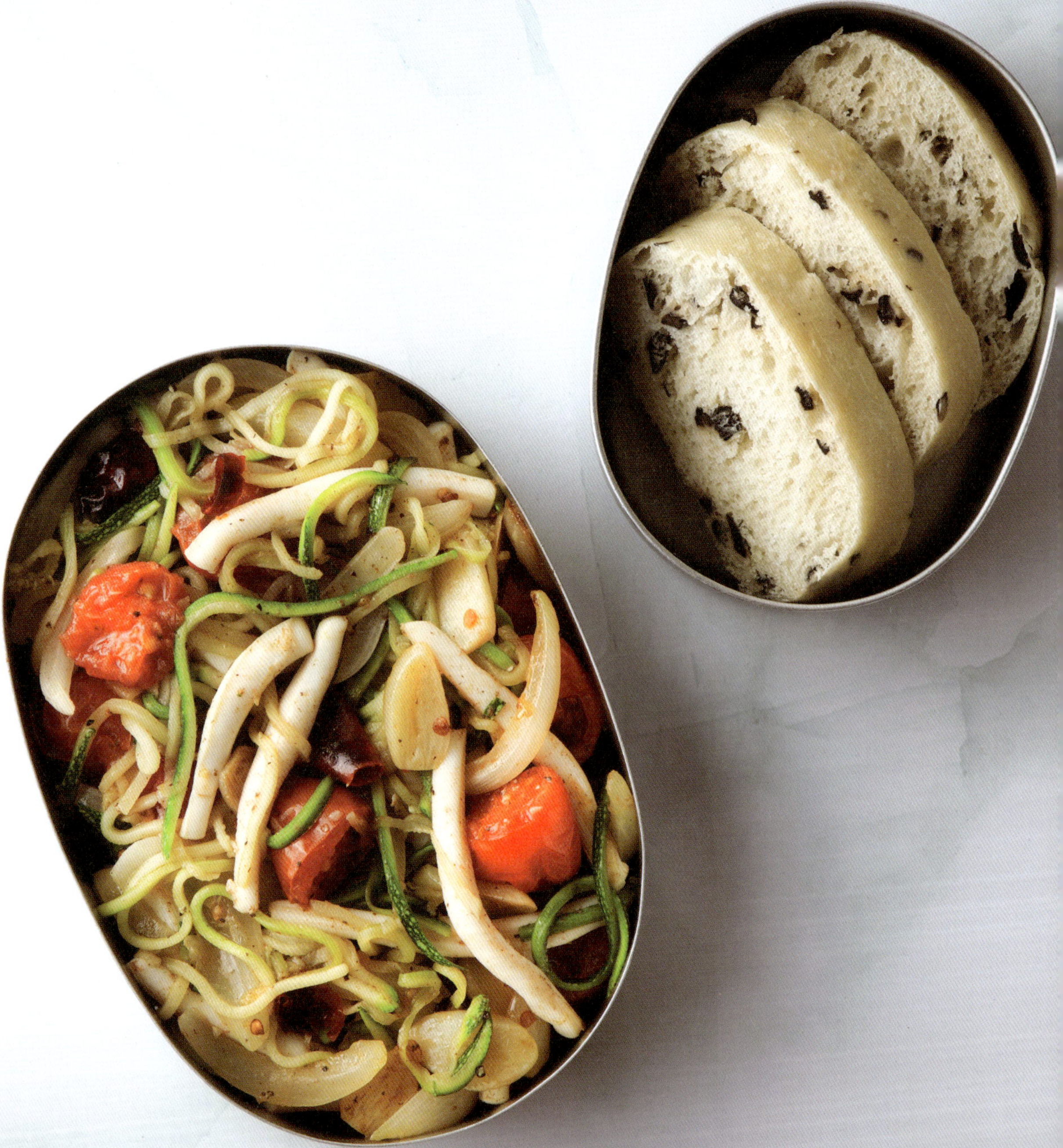

재료_1인분

주키니(돼지호박)	100g
오징어	80g
양파	30g
방울토마토	100g
저민 마늘	20g
베트남 고추	5g
올리브오일	1작은술
소금	1/3작은술
후춧가루	1/2작은술

올리브 치아바타 30g(약 ⅓개)

1. 호박 채 썰기
주키니를 일정한 굵기로 길게 채 썬다. 채칼로 썰면 편하다.

2. 부재료 손질하기
오징어와 양파는 채 썰고, 방울토마토와 베트남 고추는 반으로 썬다.

3. 볶기
올리브오일을 두르고 마늘과 고추를 볶다가 나머지 재료를 넣고 소금과 후춧가루로 간한다.

맛 Up 저탄수화물 식사를 할 때 국수나 밥 대신 단단한 호박이나 무, 당근 등을 채 썰어 국수로 이용하면 칼로리를 줄이면서 색다른 맛도 즐길 수 있다.

담기 한 김 식힌 후 깊지 않은 도시락에 호박이 물러지지 않도록 살살 펴 담는다. 주키니 파스타만으로 양이 부족하다면 빵을 곁들인다.

게살연두부수프

287 kcal

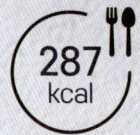

통조림 게살에 연두부와 채소를 넣어 끓인 수프. 따뜻하게 한 그릇 먹으면 속이 편해요.
연두부 대신 일반 두부나 순두부를 넣어도 됩니다.

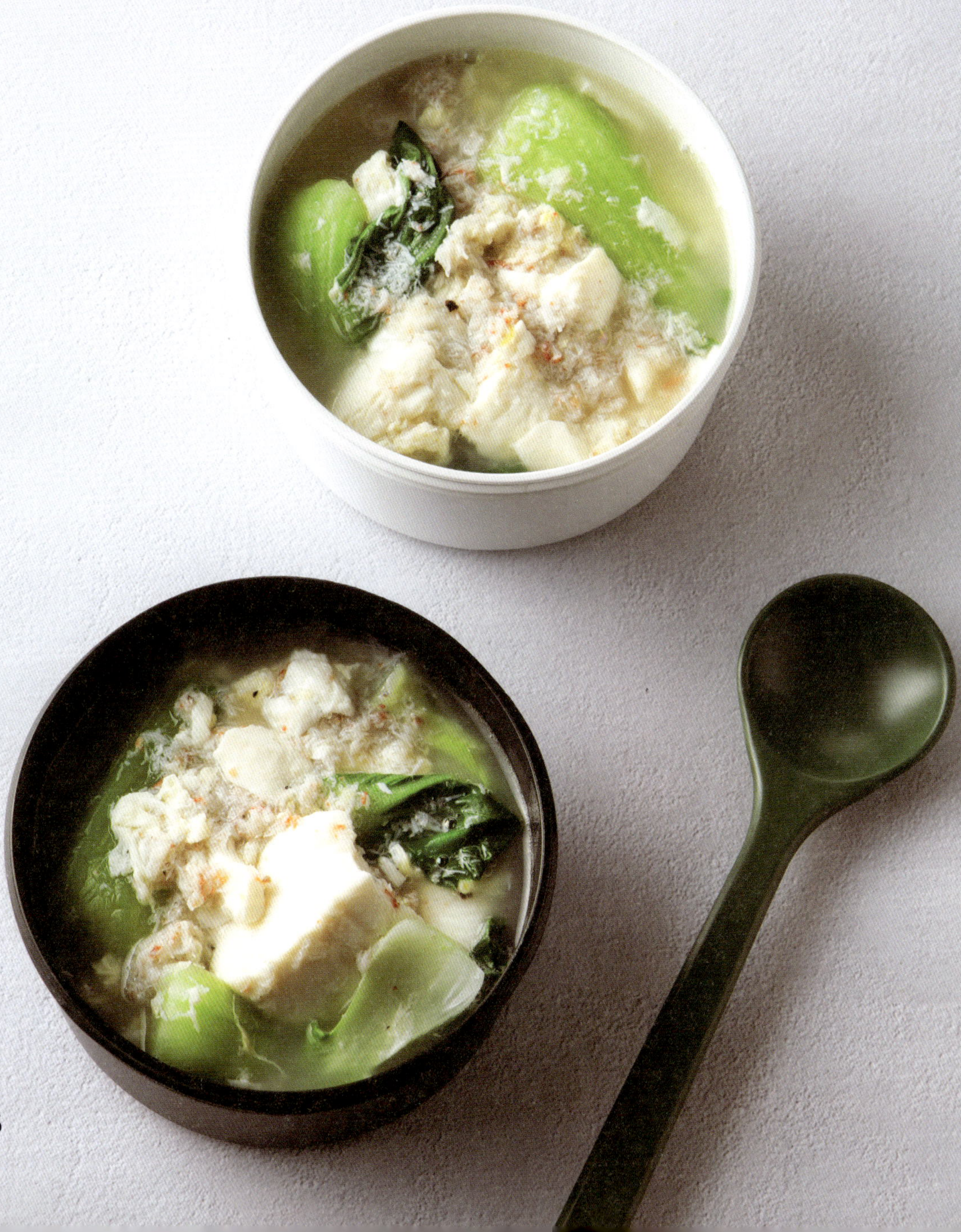

재료_1인분

통조림 게살	100g
연두부	80g
청경채	50g
달걀	50g(약 1개)
물(또는 다시마국물)	1/4컵
굴소스	1/3작은술1/4
소금	작은술
후춧가루	1/4작은술
참기름	1/3작은술

1 재료 손질하기
게살을 그릇에 담고, 연두부도 준비한다. 청경채는 반으로 자른다.

2 끓이기
냄비에 게살과 연두부, 청경채를 넣고 다시마국물을 부어 끓인다. 굴소스, 소금, 후춧가루로 간한다.

3 달걀 풀어 넣기
수프가 끓을 때 달걀을 풀어 가장자리로 돌려 붓고 참기름을 넣는다.

맛 Up 게살 통조림은 칼로리가 의외로 높지 않고 씹는 맛이 좋다. 연두부 대신 팽이버섯을 넉넉하게 넣어도 맛있고, 불린 미역을 넣어도 먹기 좋다.

담기 따뜻하게 먹어야 맛있으므로 보온이 잘되는 텀블러나 죽 전용 도시락에 담으면 좋다. 게살과 연두부는 맛도 질감도 잘 어울려 술술 잘 넘어간다.

단호박죽

206 kcal

단호박에 삶은 팥을 넣어 끓인 호박죽. 우유를 넣어 고소한 맛이 나고, 단호박 특유의 단맛과 향이 좋아요. 팥 대신 강낭콩이나 삶은 고구마를 넣어도 맛있어요.

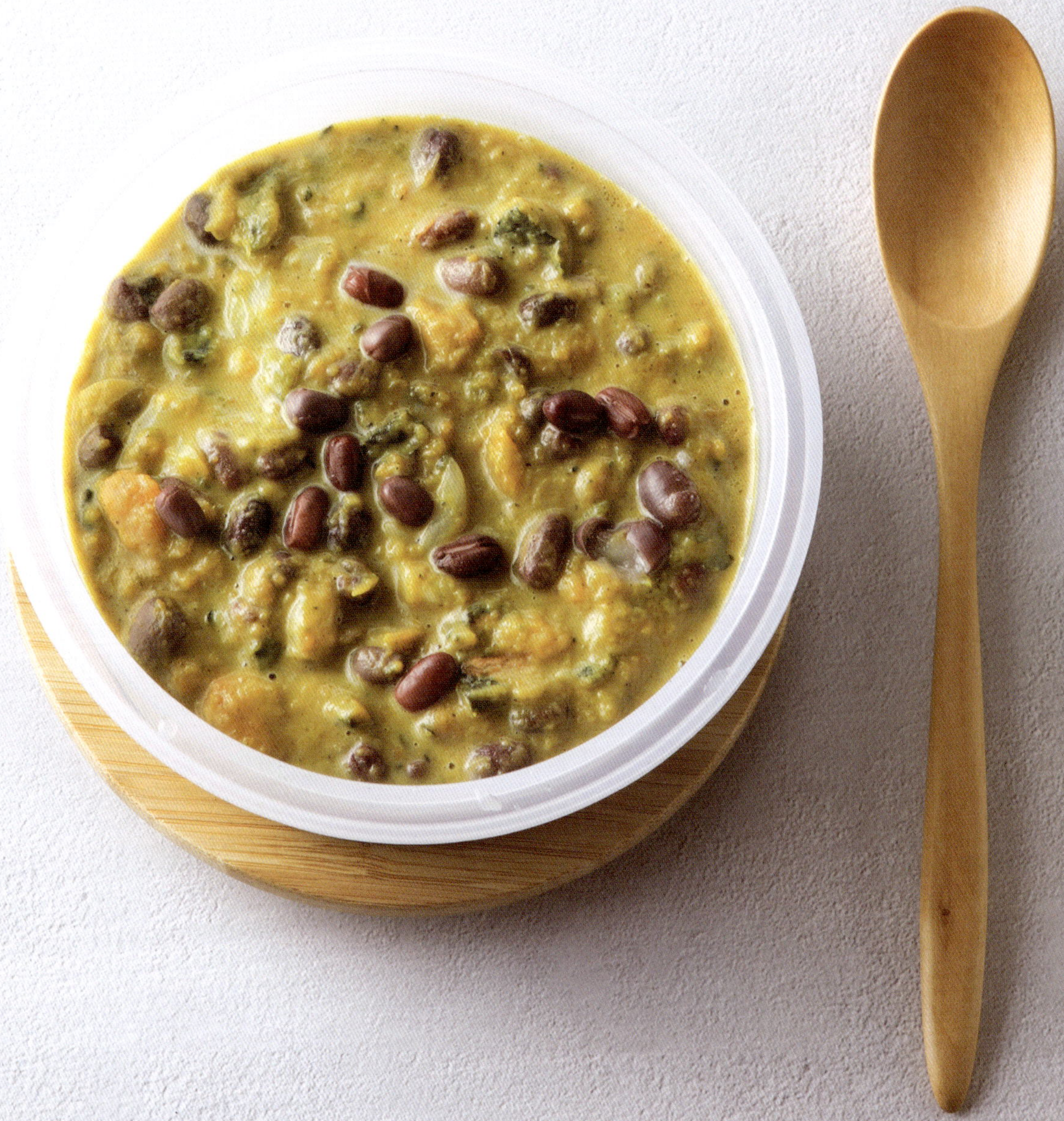

재료 _1인분

삶은 단호박	150g
삶은 팥	50g
채 썬 양파	30g
우유	5큰술
버터	5g
소금	1/3작은술
물	1/4컵

① 버터로 볶기
달군 팬에 버터를 녹이고 채 썬 양파를 볶다가 삶은 단호박을 넣는다.

② 우유 부어 끓이기
우유와 물을 붓고 단호박을 으깨가며 끓인다.

③ 삶은 팥 넣기
한소끔 끓인 후 소금으로 약하게 간하고 삶은 팥을 넣어 끓인다.

맛 Up 단호박으로 죽이나 수프를 만들 때 양파를 볶아 함께 갈면 양파의 단맛이 더해져 더욱 맛있다.

담기 보온이 잘되는 텀블러에 담는다. 땅콩이나 호두, 아몬드 등을 따로 담아 가 같이 먹어도 좋다. 식어도 맛있으므로 밀폐력이 좋은 일반 도시락에 담아도 괜찮다.

PART 5

한국인은 밥심
밥+반찬 도시락

입맛 돋우는 밑반찬 한두 가지와 아침에 금방 만들 수 있는 반찬으로 싼 기본 도시락이에요. 잡곡밥은 기본이고 밑반찬의 칼로리와 양에도 신경 썼어요. 메인 반찬에 변화를 주면 맛도 있고 영양도 챙기는 건강다이어트 도시락을 쌀 수 있어요.

돼지고기볶음 도시락

귀리고구마밥+돼지고기볶음+양배추쌈+검은콩곤약조림

돼지고기는 식어도 쇠고기보다 육질이 부드러워 도시락 반찬으로 좋아요.
고춧가루를 넣어 매콤하게 볶은 후 데친 양배추쌈을 곁들이면 맛있게 먹을 수 있어요.

귀리고구마밥(p.170)
100g 152kcal

검은콩곤약조림(p.155)
60g 60kcal

돼지고기볶음 185kcal

재료_1인분

돼지고기(안심)	70g
양배추	150g
양파	30g

양념

참기름	1/2작은술
고춧가루	1작은술
다진 마늘	1/2작은술
맛술	1/2작은술
올리고당	1/2작은술
후춧가루	1/4작은술

1 돼지고기 양념하기
돼지고기는 납작하게 썰어 양념하고, 양파는 네모지게 썬다.

2 양배추 썰어 데치기
양배추는 손바닥 크기로 썰어 뜨거운 물에 잠시 담갔다가 건진 후 물기를 뺀다.

3 볶기
팬에 양파를 볶다가 돼지고기를 넣어 중간 불에서 충분히 익도록 볶는다.

맛 Up 다이어트 재료로 좋은 양배추는 미리 데쳐 두면 편하다. 삶거나 쪄도 되지만, 뜨거운 물을 부어 담갔다가 건지면 아삭아삭하다.

담기 밥과 양배추쌈을 한데 담고 맛의 차이가 있는 검은콩곤약조림과 돼지고기볶음을 따로 담아 각각의 맛을 유지한다.

마파두부 도시락
퀴노아밥+마파두부+땅콩조림+양파피클

392 kcal

두반장과 굴소스로 맛을 낸 마파두부는 몸에 좋은 두부를 많이 먹을 수 있다는 것이 장점이에요.
퀴노아밥의 양을 줄이고, 짜지 않게 만든 마파두부를 넉넉하게 준비하세요.

땅콩조림(p.154)
10g 37kcal

양파피클(p.157)
30g 14kcal

퀴노아밥(p.171)
100g 198kcal

마파두부 143kcal

재료_1인분

두부	100g
다진 돼지고기	20g
두반장	1/2작은술
굴소스	1/2작은술
올리고당	1/2작은술
베트남 고추	20g
올리브오일	1/2작은술
물	1/4컵

1. 두부 굽기
두부를 깍둑 썰어 올리브오일을 두른 팬에 넣고 중간 불에서 노르스름하게 굽는다.

2. 소스 만들기
다진 돼지고기를 볶다가 두반장과 굴소스, 물을 넣고 올리고당과 고추를 넣는다.

3. 두부 넣어 끓이기
소스에 구운 두부를 넣고 섞어가며 한소끔 끓인다.

맛 Up 두부로 만든 음식은 어떻게 조리해도 기본 이상의 맛이 난다. 두부는 너무 크지 않게 썰어 소스가 진하게 배어들도록 한다.

담기 도시락에 밥을 담고 한쪽에 마파두부를 담는다 마파두부의 양념이 밥에 배도 좋다. 땅콩조림과 양파피클은 작은 통에 각각 담는다.

되비지탕 도시락

373 kcal

귀리현미밥+되비지탕+오이볶음+오징어채볶음

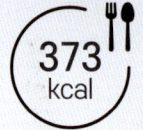

불린 콩을 갈아 만든 되비지에 다진 돼지고기와 배추를 넣어 되직하게 끓였어요.
밥과 잘 어울리는 되비지는 영양소가 풍부하고 물론 소화도 잘돼요.

오이볶음(p.165)
30g 28kcal

오징어채볶음(p.149)
10g 35kcal

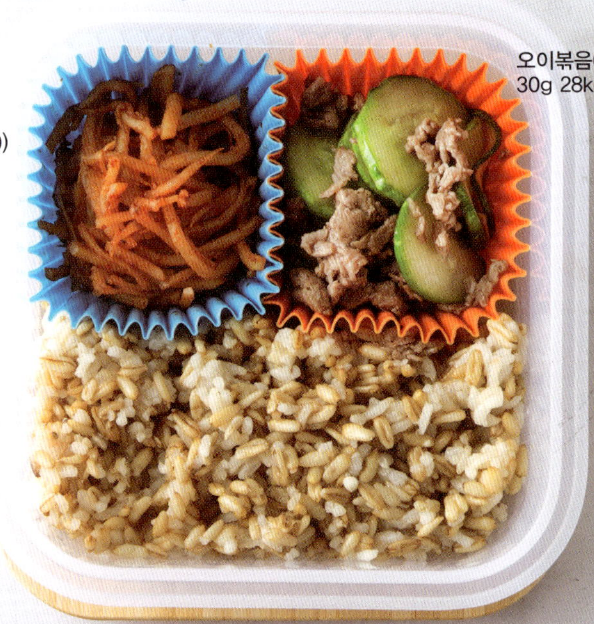

귀리현미밥(p.170)
100g 172kcal

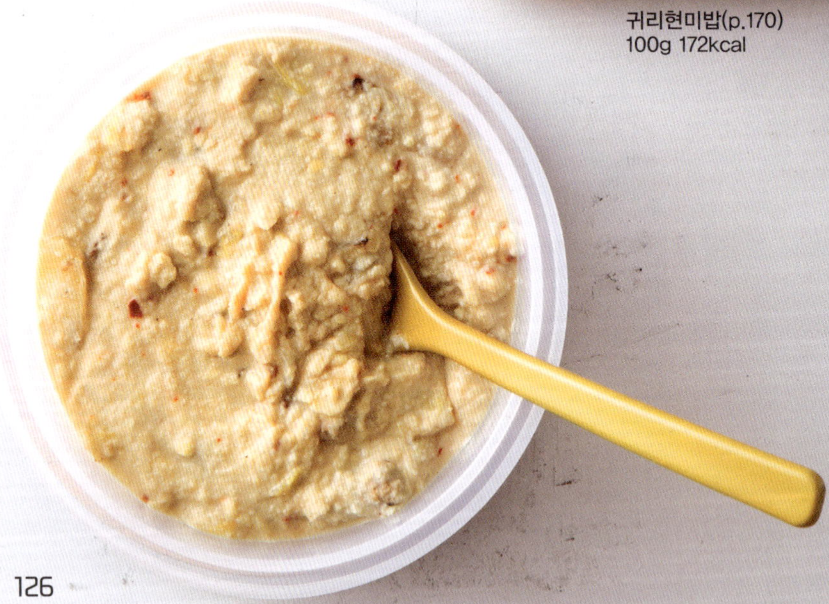

되지비탕 138kcal

재료_1인분

삶은 콩	50g
다진 돼지고기	20g
배춧잎	30g
참기름	1/4작은술
맛술	1/3작은술
액젓	1/4작은술
고춧가루	1/4작은술
물(또는 멸치국물)	1/2컵

1 삶은 콩 갈기
불려서 삶은 콩을 믹서에 담고 물을 부어 곱게 간다.

2 돼지고기, 배추 볶기
팬에 참기름을 두르고 다진 돼지고기와 굵게 썬 배춧잎, 맛술을 넣어 볶는다.

3 간하기
돼지고기가 익으면 간 콩을 붓고 끓이다가 액젓, 고춧가루로 간한다.

맛 Up 보통 되비지탕에 씻은 묵은지를 썰어 넣어 맛을 내지만, 김치에 염분이 많아 주의해야 한다. 배추나 얼갈이배추를 넣고 액젓을 조금 넣으면 감칠맛이 좋다.

담기 되비지탕은 보온이 잘되는 텀블러나 밀폐가 잘되는 통에 담는다. 오이볶음, 오징어채볶음은 양념이 섞이지 않게 베이킹 컵에 담아 밥 옆에 담는다.

연어구이 도시락
퀴노아현미밥+연어구이+우엉채조림+시래기볶음

390 kcal

맛이 좋고 단백질이 풍부한 연어를 저민 마늘과 구워 밥 위에 얹었어요.
여기에 우엉채조림과 시래기볶음을 곁들여 포만감이 좋아요.

퀴노아현미밥(p.171)
100g 211kcal

우엉채조림(p.152)
20g 28kcal

시래기볶음(p.158)
30g 20kcal

연어구이 131kcal

재료 _ 1인분

연어	70g
올리브오일	1/2작은술
허브 솔트	1/4작은술
저민 마늘	10g
후춧가루	1/4작은술

① 연어 간하기
연어에 허브 솔트를 뿌려 잠시 둔다.

② 마늘 향 내기
팬에 올리브오일을 두르고 약한 불로 저민 마늘을 볶아 마늘 향을 낸다.

③ 연어 굽기
마늘을 타지 않게 걷어내거나 한쪽으로 밀고, 연어를 올려 후춧가루를 뿌려 앞뒤로 굽는다.

맛 Up 버터를 녹여서 연어를 구우면 맛과 향이 좋아지고 연어의 비린내도 누그러뜨릴 수 있다. 허브 가루로 향을 더해도 좋다.

담기 밥을 도시락에 펴 담고 그 위에 구운 연어를 얹어 연어의 맛이 밥에 배어들게 한다. 반찬은 작은 통에 각각 담는다.

새우가지카레 도시락

곤약쌀현미밥+새우가지카레+달걀말이+꽈리고추무침

카레 소스는 새우만 넣어 담백하게 끓이고, 버섯이나 가지 등의 부재료는 따로 구웠어요.
재료 각각의 맛을 느끼면서 깔끔하게 먹을 수 있어요.

꽈리고추무침(p.166)
20g 17kcal

달걀말이(p.162)
50g 77kcal

곤약쌀현미밥(p.169)
100g 102kcal

새우가지카레 102kcal

재료_1인분

고형 카레	20g
새우살	50g
가지	50g
느타리버섯	50g
물	1컵
올리브오일	1작은술
후춧가루	1/4작은술

1 손질하기
새우살은 물기를 빼고, 가지와 느타리버섯은 큼직하게 썬다.

2 카레 끓이기
팬에 물을 붓고 고형 카레와 새우를 넣어 끓인다.

3 채소 굽기
팬에 올리브오일을 두르고 가지와 버섯을 넣어 굽다가 후춧가루로 맛을 낸다.

맛 Up 카레를 만들 때 감자, 당근, 고기 등을 함께 넣어 끓여도 좋지만, 주재료 한 가지만 넣고 부재료는 따로 준비해 카레를 찍어 먹어도 맛있다.

담기 카레 소스는 밀폐력이 좋은 통이나 텀블러에 따로 담는다. 밥과 달걀말이, 꽈리고추무침은 다른 도시락에 어우러지게 담는다.

버섯볶음 도시락
콩현미밥+버섯볶음+마늘종장아찌

323 kcal

느타리버섯과 새송이버섯에 양파와 당근 등의 채소를 넣어 간장과 참기름 등으로 양념해 볶았어요.
버섯은 부드러우면서 쫄깃한 맛이 좋고 소화도 잘돼요.

마늘종장아찌(p.156)
20g 46kcal

콩현미밥(p.168)
100g 164kcal

버섯볶음 113kcal

재료_1인분

느타리버섯	100g
새송이버섯	80g
당근	20g
양파	20g
청경채	30g

양념

간장	1작은술
참기름	1/3작은술
다진 마늘	1/3작은술
올리고당	1/3작은술
굴소스	1/3작은술
후춧가루	1/4작은술

1 버섯 썰기
느타리버섯과 새송이버섯은 길쭉하게 썬다.

2 부재료 썰기
당근과 양파는 너무 길지 않게 채 썰고, 청경채는 3~4cm 길이로 썬다.

3 볶기
당근과 양파를 양념에 볶다가 버섯과 청경채를 넣고 재빨리 볶는다.

맛 Up 버섯과 청경채를 함께 볶으면 맛과 향이 잘 어울린다. 볶을 때 물이 생길 수 있으니 센 불에서 너무 휘젓지 말고 재빨리 볶는다.

담기 마늘종짱아찌는 베이킹 컵에 담아 밥 옆에 담고, 버섯볶음은 다른 음식과 섞이지 않도록 따로 담는다. 밥 위에 버섯볶음을 덮밥처럼 얹어도 좋다.

오징어간장볶음 도시락

표고버섯현미밥+오징어간장볶음+애호박구이

오징어를 간장양념으로 바특하게 볶아 표고버섯을 넣고 지은 현미버섯밥과 함께 담았어요.
부드러운 애호박구이도 밥과 잘 어울려요.

애호박구이(p.160)
60g 47kcal

표고버섯현미밥(p.169)
100g 196kcal

오징어간장볶음
110kcal

재료_1인분

오징어	70g
청양고추	20g
피망	20g
베트남 고추	2g
올리브오일	1/3작은술
간장	1/2작은술
굴소스	1/4작은술

1. 오징어 칼집 넣어 데치기
오징어는 몸통만 준비해 껍질을 벗기고 칼집을 넣어 끓는 물에 데친다.

2. 부재료 준비하기
청양고추와 피망은 길쭉하게 네모지게 썰고, 베트남 고추는 굵게 부순다.

3. 볶기
팬에 올리브오일, 간장, 굴소스를 넣고 오징어를 볶다가 베트남 고추와 청양고추, 피망을 넣어 볶는다.

맛 Up 살이 두꺼운 오징어는 칼집을 넣으면 간이 고루 배어 맛있다. 간장으로만 간해 볶아 깔끔한데, 청양고추를 넣으면 맛과 색이 좋아진다.

담기 도시락 2개를 준비해 하나는 밥과 애호박구이를 담고, 다른 하나는 오징어간장볶음을 담는다. 애호박구이를 밥과 함께 담아도 밥에 양념이 베어들어 맛있다.

쇠고기찹스테이크 도시락

398 kcal

귀리밥+쇠고기찹스테이크+연근조림

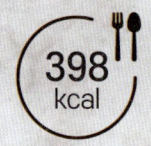

쇠고기 등심을 네모지게 썰어 셀러리, 피망, 파프리카와 함께 볶았어요.
셀러리 향이 입맛을 돋우고, 아삭한 파프리카가 씹는 맛을 살려줘요.

연근조림(p.153)
50g 53kcal

귀리밥(p.170)
100g 214kcal

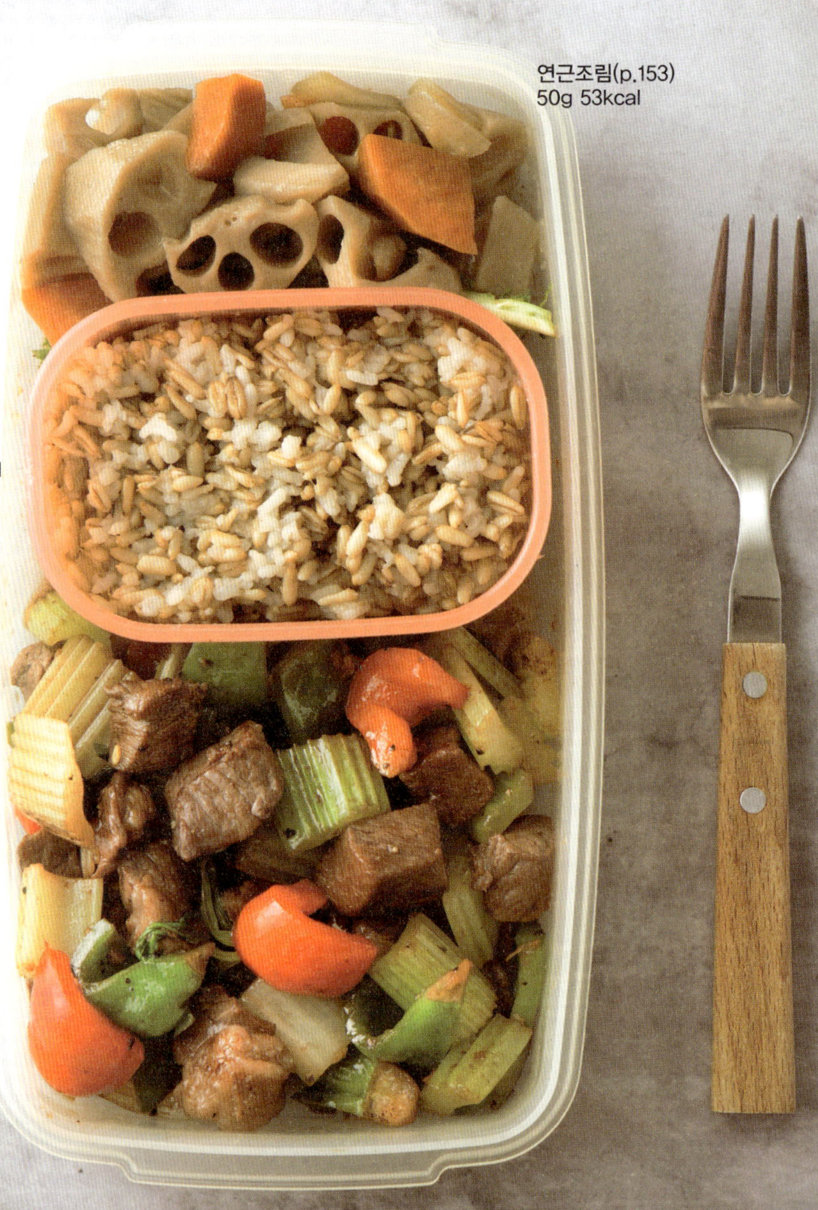

쇠고기찹스테이크
131kcal

재료 _1인분

쇠고기(등심)	70g
피망	40g
파프리카	20g
셀러리	80g

양념

간장	1/2작은술
스리라차 소스	1작은술
다진 마늘	1/3작은술
올리고당	1/3작은술
후춧가루	1/4작은술

1 쇠고기 양념하기
쇠고기는 네모지게 썰어 양념에 잠시 잰다.

2 부재료 썰기
피망, 파프리카, 셀러리는 쇠고기와 비슷한 크기로 썬다.

3 볶기
팬에 쇠고기를 볶다가 피망과 파프리카, 셀러리를 넣어 볶는다.

맛 Up 쇠고기 대신 돼지고기 목살로 만들어도 맛있다. 돼지고기를 이용할 때 된장을 조금 더하면 식어도 돼지고기 특유의 누린내가 나지 않는다.

담기 쇠고기찹스테이크와 연근조림을 도시락 양쪽에 담고 밥을 가운데 담아 반찬이 섞이는 것을 막는다.

오징어초무침 도시락
귀리밥+오징어초무침+미역줄기볶음+달걀반숙장조림

369 kcal

구수한 귀리밥에 매콤새콤하게 무친 오징어무침과 미역줄기볶음, 달걀반숙장조림을 곁들여 든든하게 챙겼어요. 오이는 끓는 물에 살짝 데쳐 무치면 아삭한 맛이 좋아져요.

미역줄기볶음(p.159)
30g 24kcal

달걀반숙장조림(p.151)
30g 42kcal

귀리밥(p.170)
100g 214kcal

오징어초무침 89kcal

재료_1인분

오징어	70g
오이	70g

양념

고춧가루	1/2작은술
다진 마늘	1/3작은술
올리고당	1/3작은술
식초	1작은술
소금	1/3작은술

1 오징어 칼집 넣어 데치기
오징어는 몸통만 준비해 껍질을 벗기고 잔 칼집을 넣어 데친 후 썬다.

2 오이 썰어 데치기
오이는 모양을 살려 도톰하게 썰어 끓는 물에 데친 후 얼음물에 식힌다.

3 무치기
오징어와 오이에 고루 섞은 양념을 넣어 무친다.

맛 Up 오징어는 어느 채소와도 잘 어울린다. 오이 대신 도라지나 무, 당근 등을 넣어도 맛있다. 오징어를 전날 미리 데쳐 놓으면 조리 시간을 줄일 수 있다.

담기 도시락에 밥을 뭉치지 않게 펴 담고, 옆에 미역줄기볶음과 달걀반숙장조림을 담는다. 오징어초무침은 시원하고 새콤한 맛이 유지되도록 다른 도시락에 담는다.

안심양배추롤 도시락
톳현미밥+안심양배추롤+어묵볶음

351 kcal

돼지고기 안심을 얄팍하게 두들겨 데친 양배추잎을 넣고 돌돌 말아 조린 후, 토마토 퓌레로 맛을 냈어요. 양배추는 포만감도 있고 소화도 잘돼요.

톳현미밥(p.169)
100g 187kcal

어묵볶음(p.163)
20g 34kcal

안심양배추롤 129kcal

재료 _ 1인분

돼지고기(안심)	50g
양배추	80g
다진 마늘	1/3작은술
소금	1/3작은술
후춧가루	1/3작은술
토마토 퓌레	50g
물	1/3컵

1 돼지고기 손질하기
돼지고기를 손바닥 크기로 펼쳐 앞뒤로 두들긴 후, 다진 마늘과 소금, 후춧가루로 간한다.

2 양배추 데치기
양배추는 손바닥 크기로 썰어 끓는 물에 데친 후 물기를 뺀다.

3 말아 조리기
돼지고기에 양배추를 올려 돌돌 만 후 팬에 담고 토마토 퓌레와 물을 부어 약한 불에서 돼지고기가 익도록 조린다.

맛 Up 다이어트 중에 돼지고기로 요리할 때는 안심을 쓰는 것이 최고다. 양배추 대신 우엉이나 아스파라거스, 양파 등을 말아도 맛있다.

담기 안심양배추롤을 한입 크기로 썰어 도시락에 담고 남은 소스를 끼얹는다. 다른 도시락에 밥과 양념이 진하지 않은 어묵볶음을 함께 담는다.

닭카레볶음 도시락

341 kcal

곤약쌀현미밥+닭카레볶음+미역무침+멸치볶음

닭가슴살을 올리브오일에 구운 후 카레 소스로 양념해 식어도 맛이 좋아요.
미역무침과 멸치볶음을 곁들이면 맛도 영양도 챙길 수 있어요.

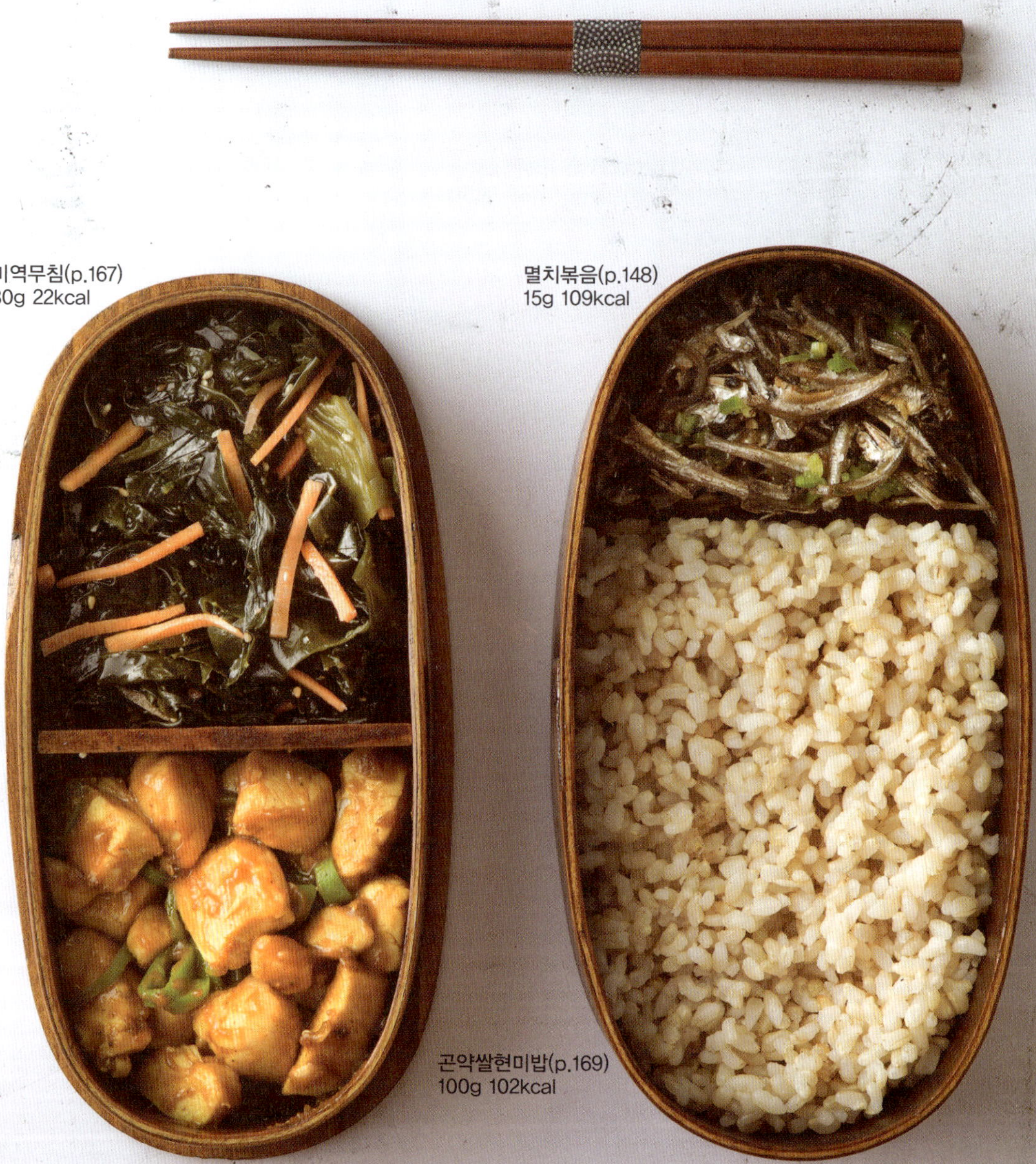

미역무침(p.167)
30g 22kcal

멸치볶음(p.148)
15g 109kcal

곤약쌀현미밥(p.169)
100g 102kcal

닭카레볶음 108kcal

재료 _ 1인분

닭가슴살	70g
소금	1/4작은술
후춧가루	1/4작은술
생강가루	1/3작은술
올리브오일	1/2작은술

양념

간장	1/2작은술
카레가루	10g
맛술	1/2작은술
올리고당	1/4작은술
송송 썬 청양고추	10g

1 닭가슴살 밑간하기
닭가슴살을 작게 썰어 소금과 후춧가루, 생강가루로 밑간한다.

2 굽기
달군 팬에 올리브오일을 두르고 밑간한 닭고기를 바싹 굽는다.

3 양념하기
구운 닭고기에 양념을 넣어 고루 버무린다.

맛 Up 에어프라이어를 이용하면 고기나 생선을 빠르게 조리할 수 있다. 작게 썬 닭고기는 200℃에서 6분 정도면 노르스름하고 바삭하게 구워진다.

담기 밥을 도시락에 퍼 담고 멸치볶음을 한쪽에 담는다. 칸이 나뉜 다른 도시락에 닭카레볶음과 미역무침을 양념이 섞이지 않게 담는다.

참치된장무침 도시락
귀리고구마밥+참치된장무침+쇠고기장조림

통조림 참치를 기름을 빼고 된장과 다진 파, 다진 마늘 등으로 양념했어요.
깻잎을 조금 넣으면 향이 더해져 맛있어요.

쇠고기장조림(p.150)
40g 79kcal

귀리고구마밥(p.170)
100g 152kcal

참치된장무침 147kcal

재료_1인분

통조림 참치	80g
데친 브로콜리	40g
깻잎	20g
된장	1/2작은술
다진 파	10g
다진 마늘	1/3작은술

1 참치 준비하기
통조림 참치를 체에 밭쳐 눌러가며 기름을 뺀다.

2 부재료 썰기
깻잎은 곱게 채 썰고, 데친 브로콜리는 작게 썬다.

3 버무리기
참치에 브로콜리와 깻잎, 된장, 다진 파·마늘을 넣어 버무린다.

맛 Up 통조림 참치는 찌개로, 전으로, 비빔밥 재료로 다양하게 활용된다. 기름을 빼고 된장으로 맛을 내면 구수하면서 색다른 맛을 즐길 수 있다.

담기 칸이 나뉜 도시락에 밥과 참치된장무침, 쇠고기장조림을 각각 담는다. 쇠고기장조림은 국물 없이 담아야 깔끔하다.

PART 6

도시락 싸기 좋은
저장 반찬 & 스피드 반찬

몇 가지 밑반찬만 있어도 아침에 도시락 싸기가 한결 쉬워요. 도시락으로 싸기 좋은 반찬은 식어도 맛이 변하지 않고 지나치게 자극적이지 않은 것이 좋습니다. 시간 날 때 밥과 잘 어울리면서 칼로리도 높지 않은 반찬들을 미리 만들어두세요.

저장 반찬

멸치볶음

109kcal
1회분 15g

중간 크기의 멸치를 매콤하게 볶았어요. 짠맛이 워낙 강하니 맛이 좀 떨어지더라도
물에 잠시 담가 염분을 빼고 볶는 것이 좋아요.

1 멸치 짠맛 빼기
멸치는 물에 10분 정도 담가 염분을 빼고 물기를 뺀다.

2 수분 날리기
달군 팬에 멸치를 볶아 수분을 날린다. 비린내도 사라진다.

3 볶기
멸치를 올리브오일과 간장, 굴소스, 맛술로 볶다가 청양고추와 올리고당을 넣는다.

재료 _ 약 10회분 735kcal

중멸치 150g, 올리브오일 2큰술, 간장 1큰술, 굴소스 1/2큰술, 맛술 1작은술, 올리고당 1큰술, 송송 썬 청양고추 10g

보관하기 올리브오일에 볶은 것이라 공기와의 접촉이 많으면 산패되기 쉽다. 작은 통에 2~3등분해 담아 냉장고에 보관한다.

오징어채볶음

시판 오징어채는 단맛과 짠맛이 강해요.
물에 담가 헹군 후 조리해야 맛도 깔끔하고 칼로리 걱정도 덜 수 있어요.

① 오징어채 씻기
오징어채는 물에 담가 가볍게 조물거려 조미된 맛을 씻어낸 후 2~3cm 길이로 자른다.

② 볶기
팬에 올리브오일과 고춧가루, 다진 마늘을 넣고 오징어채를 볶는다.

③ 마늘 넣기
마지막에 맛술을 넣어 가볍게 볶는다.

재료 _ 약 10회분 377kcal

오징어채 100g, 올리브오일 1큰술, 고춧가루 1작은술, 다진 마늘 1/2작은술, 맛술 1작은술

보관하기 공기에 노출되면 산패되기 쉬우므로, 작은 통에 나눠 담아 냉장고에 보관한다.

저장 반찬

쇼고기장조림

79kcal
1회분 40g

쇼고기장조림은 맛과 영양을 챙기기 좋은 대표 도시락 반찬이에요.
보통 홍두깨살이나 양지머리를 사용하는데, 사태로 만들면 더 감칠맛이 납니다.

1. 쇼고기 손질하기
쇼고기는 크고 네모지게 썰어 끓는 물에 3분 정도 데친다.

2. 부재료 썰기
양파는 큼직하게 썰고, 청양고추는 반으로 썬다. 마늘은 통으로 준비한다.

3. 조리기
조림장에 쇼고기와 양파, 청양고추, 마늘을 넣고 국물이 반으로 졸아들도록 조린다.

재료 _ 약 10회분 791kcal

쇼고기(사태) 400g, 양파 100g, 청양고추 30g, 마늘 50g
조림장 간장 4큰술, 설탕 1큰술, 맛술 1큰술, 물 2½컵

보관하기 한 김 식힌 후 고기는 먹기 좋게 저며 썰고, 양파와 고추, 마늘은 건져낸다. 장조림을 그릇에 담고 조림장을 고기가 잠기게 부어 냉장고에 보관한다.

달걀반숙장조림

42kcal 1회분 30g

다이어트 중에는 달걀이 중요한 영양 공급원이죠.
짜지 않게 조려 매일 한 개씩 먹으면 좋아요. 칼집을 넣으면 간이 고루 배어 맛있답니다.

① 달걀 삶기
달걀을 6분 정도 삶아 그대로 잠시 두었다가 찬물에 담가 껍데기를 벗긴다.

② 칼집 넣기
껍데기를 벗긴 달걀에 칼집을 살짝 넣는다.

③ 조리기
조림장에 채 썬 양파를 넣고 끓인 후, 달걀을 넣어 국물이 반으로 졸아들도록 조린다.

재료 _ 약 20회분 845kcal

달걀 10개, 채 썬 양파 50g

조림장 간장 4큰술, 설탕 2큰술, 참기름 1/2큰술, 맛술 1/2큰술, 후춧가루 1작은술, 물 2½컵

보관하기 양파는 건져내고 속이 깊은 통에 달걀과 조림장을 담아 냉장고에 보관한다. 뚜껑을 닫아도 달걀이 눌러지지 않도록 깊은 통에 담는다.

저장 반찬

우엉채조림

28kcal
1회분 20g

우엉은 저장성이 좋아 비교적 오래 두고 먹을 수 있어요.
껍질을 벗겨내고 곱게 채 썰어 조리면 간이 잘 배고 먹기 좋아요.

1 우엉 채 썰기
우엉은 껍질을 벗기고 채칼로 곱게 채 썬다.

2 애벌로 삶기
끓는 물에 채 썬 우엉을 5분 정도 데치듯이 삶아 건진다.

3 조리기
조림장에 데친 우엉을 넣어 20분 정도 조리다가 참기름을 넣는다.

재료 _ 약 10회분 287kcal

우엉 250g, 참기름 1작은술
조림장 간장 3큰술, 설탕 1큰술, 맛술 1큰술, 물 2컵

보관하기 한 김 식힌 후 밀폐용기에 담아 냉장고에 보관한다. 10일 정도 두어도 맛이 유지된다.

연근조림

53kcal
1회분 50g

연근은 단백질의 소화를 돕는 뮤신이 풍부해 고기와 함께 먹으면 좋아요.
무르게 삶은 후 조려야 부드러워요.

1 연근 삶기
연근은 껍질을 벗기고 연필 깎듯이 돌려가며 모나게 썰어 끓는 물에 10분 정도 삶아 건진다.

2 부재료 썰기
당근과 양파는 연근과 비슷한 크기로 썬다.

3 조리기
조림장에 연근과 당근, 양파를 넣어 간이 배고 국물이 바특해지도록 조린다.

재료_ 약 5회분 265kcal

연근 250g, 당근 50g, 양파 30g

조림장 간장 2작은술, 액젓 1/2작은술, 들기름 1작은술, 설탕 2작은술, 다진 마늘 1/2작은술, 맛술 1작은술, 물 2컵

보관하기 연근조림은 저장성이 좋아 일주일 정도는 충분히 두고 먹을 수 있다. 밀폐용기에 담아 냉장고에 보관한다.

저장 반찬

땅콩조림

37kcal
1회분 10g

땅콩, 호두, 아몬드 등의 견과류를 짜지 않게 조리면, 반찬으로는 물론 입이 심심할 때 먹기도 좋아요. 생땅콩으로 만들어 껍질에 풍부한 영양을 섭취할 수 있어요.

1 땅콩 삶기
땅콩은 생것으로 준비해 20분 정도 삶는다.

2 조림장 끓이기
냄비에 조림장 재료를 넣어 끓인다. 베트남 고추는 굵게 으깨어 넣는다.

3 땅콩 넣어 조리기
조림장에 땅콩을 넣어 국물이 자작해지도록 조린다.

재료 _ 약 20회분 711kcal

생땅콩 200g

조림장 간장 2큰술, 설탕 2작은술, 베트남 고추 1g, 통깨 1/3작은술, 물 1컵

보관하기 밀폐용기에 담아 냉장고에 보관한다. 생각보다 칼로리가 높으므로 도시락에 담을 때 양에 신경 쓴다.

검은콩곤약조림

삶은 검은콩과 곤약을 함께 조린 저칼로리 건강 밑반찬이에요.
곤약은 잔 칼집을 넣어 간이 배게 하고, 간은 심심하게 느껴질 정도로 하세요.

① 곤약 썰기
곤약은 잔 칼집을 촘촘하게 넣은 후, 검은콩보다 조금 크게 네모지게 썬다.

② 콩 조리기
조림장에 삶은 검은콩을 넣어 중간 불에서 10분 이상 끓인다.

③ 곤약 넣어 조리기
검은콩에 간이 밸 무렵 곤약을 넣고 약한 불에서 간장 맛과 색이 배도록 조린다.

재료_ 약 5회분 341kcal

삶은 검은콩 150g, 곤약 120g

조림장 간장 2작은술, 액젓 1/2작은술, 설탕 1/2큰술, 물 1컵

보관하기 밀폐용기에 담아 냉장고에 보관한다. 콩과 곤약 모두 오래 두어도 맛이 쉽게 변하지 않아 저장 반찬으로 제격이다.

저장 반찬

마늘종장아찌

46kcal
1회분 20g

알싸한 맛이 좋은 마늘종으로 장아찌를 만들면 입맛 살리는 밑반찬으로 요긴해요.
제철인 봄에 넉넉하게 만들어두세요.

1 마늘종 썰기
마늘종은 먹기 편하게 2~3cm 길이로 썬다.

2 간장에 절이기
마늘종을 속이 깊지 않은 밀폐용기에 담고 간장을 부어 실온에서 하루 정도 둔다.

3 고추장에 절이기
간장을 따라내고 고추장과 올리고당에 버무려 실온에서 하루 정도 익힌다.

재료_ 약 10회분 462kcal

마늘종 200g, 간장 1/2컵, 고추장 1/2컵, 올리고당 1큰술

보관하기 뚜껑 있는 유리병에 담아 냉장고에 보관한다. 장아찌나 피클처럼 오래 두고 먹을 반찬은 내용물을 알 수 있게 유리병에 담아 보관하는 것이 좋다.

양파피클

14kcal
1회분 30g

새콤달콤한 양파피클은 입 안을 개운하게 하고 소화를 도와요.
설탕을 아주 조금만 넣고 허브나 통후추로 향을 더해도 맛있어요.

① **양파 썰기**
양파는 피자를 자르듯이 세로로 6~8등분 한다.

② **절임장 끓여 식히기**
냄비에 절임장 재료를 담고 한소끔 부르르 끓여 식힌다.

③ **절임장 부어 익히기**
유리병에 양파와 베트남 고추를 담고 절임장을 부어 실온에서 하루 정도 삭힌다.

재료_ 약 10회분 142kcal

양파 300g, 베트남 고추 10g

절임장 식초 2큰술, 설탕 1큰술, 간장 1작은술, 물 1/2컵

보관하기 양파는 생으로도 먹기 때문에 오래 삭히지 않아도 된다. 하루 정도 두었다가 냉장고에 보관한다.

저장 반찬

시래기볶음

20kcal
1회분 30g

부드럽게 무르도록 푹 삶은 시래기를 불고기처럼 양념해 달달 볶았어요.
물기 없이 바특하게 볶는 게 중요한데, 된장을 넣고 볶아도 맛있어요.

1 시래기, 양파 썰기
삶은 시래기는 2cm 길이로 썰고, 양파는 굵게 채 썬다.

2 양념하기
시래기와 양파를 양념에 버무린다.

3 볶기
팬에 올리브오일을 두르고 시래기를 넣어 약한 불에서 부드럽게 뜸을 들이듯 볶는다.

재료_ 약 10회분 267kcal

삶은 시래기 250g, 양파 50g, 올리브오일 1/2큰술

양념 간장 1큰술, 들기름 2작은술, 설탕 1작은술, 다진 마늘 1/2작은술, 후춧가루 1/3작은술

보관하기 밀폐용기에 담아 냉장고에 보관하고, 4~5일 이내에 먹는 것이 좋다. 김치냉장고에 넣어두면 더 오래 보관할 수 있다.

미역줄기볶음

24kcal
1회분 30g

미역줄기는 하루 정도 물에 담가 염분을 충분히 뺀 후에 조리해야 해요.
윤기 돌게 볶다가 고춧가루를 조금 넣어도 좋아요.

① 재료 썰기
미역줄기는 3~4cm 길이로 썰고, 양파는 굵게 채 썬다. 쪽파는 양파 길이로 썬다.

② 볶기
달군 팬에 올리브오일을 두르고 양파를 볶다가 미역줄기를 넣어 볶는다.

③ 양념하기
간장과 굴소스, 다진 마늘, 맛술로 간해 볶다가 불을 줄이고 쪽파와 나머지 양념을 넣는다.

재료 _ 약 10회분 244kcal

미역줄기 300g, 양파 50g, 쪽파 20g, 올리브오일 1큰술, 간장 2작은술, 굴소스 1/2작은술, 다진 마늘 1/2작은술, 맛술 1/2작은술, 올리고당 1/2작은술, 고춧가루 1작은술

보관하기 기름에 볶은 것이어서 뚜껑을 자주 여닫으면 산패된다. 작은 밀폐용기 2~3개에 나눠 담아 냉장고에 보관한다.

스피드 반찬

애호박구이

47kcal
1회분 60g

애호박을 기름 두른 팬에 살짝 구워 간장을 끼얹은 간단 구이예요.
살캉거릴 정도로 익힌 후 충분히 식혀서 도시락에 담으세요.

1 호박 썰기
애호박은 반달 모양으로 도톰하게 썬다.

2 굽기
달군 팬에 올리브오일을 두르고 애호박을 앞뒤로 굽는다.

3 간하기
구운 애호박에 간장을 조금 끼얹고 통깨를 뿌린다.

재료 _ 약 5회분 235kcal

애호박 300g, 올리브오일 1큰술, 간장 1작은술, 통깨 1작은술

보관하기 한 김 식혀 물러지지 않도록 가지런히 그릇에 담아 보관한다. 가능하면 한 번 먹을 분량만큼만 굽는다.

두부구이

78kcal
1회분 60g

소화 잘되고 속 든든한 두부는 별다른 간을 하지 않아도 맛있어요.
도시락 반찬으로 준비할 때는 바특하게 조리거나 구워 국물이 흐르지 않게 하세요.

① 두부 물기 빼기
두부는 한입 크기로 썰어서 종이타월에 올려 물기를 뺀다.

② 굽기
팬에 올리브오일을 두르고 두부를 넣어 앞뒤로 노릇하게 굽는다.

③ 양념장 끼얹기
구운 두부 위에 양념장을 섞어 끼얹는다.

재료 _ 약 5회분 390kcal

두부 300g, 올리브오일 1/2큰술

양념장 간장 1/2큰술, 들기름 1/3작은술, 고춧가루 1/2작은술

보관하기 가지런하게 담아 양념장을 끼얹어 간이 배게 켜켜이 담는다.

스피드 반찬

달걀말이

77kcal
1회분 50g

달걀말이는 알끈이 없도록 곱게 풀어서 만들어야 부드러워요.
다진 파나 김가루 등을 넣으면 맛이 더 좋아져요.

1 달걀 풀기
달걀은 알끈을 제거하고 곱게 푼다.

2 간하기
달걀물에 쯔유와 다진 실파를 넣어 섞는다.

3 말기
달군 팬에 올리브오일을 두르고 달걀물을 부어 달걀말이를 만든다.

재료_ 약 3회분 231kcal

달걀 3개, 쯔유 1/2작은술, 다진 실파 10g, 올리브오일 1/2작은술

보관하기 달걀말이는 냉장고에 두면 다른 맛이 배기 쉽다. 1회분씩 나눠 보관한다.

어묵볶음

볶음용 어묵은 간이 잘 배는 납작 어묵이 좋아요.
간장만으로 볶아도 되고, 고춧가루를 약간 넣어 칼칼하게 볶아도 맛있어요.

① 어묵 썰어 데치기
어묵은 한입 크기로 네모지게 썰어 뜨거운 물에 담갔다가 건진다.

② 볶기
달군 팬에 올리브오일을 두르고 어묵을 넣어 가볍게 볶는다.

③ 양념하기
양념을 넣고 약한 불에서 뜸을 들이듯 볶는다.

재료 _ 약 7회분 255kcal

납작 어묵 150g, 올리브오일 1큰술

양념 간장 1/3작은술, 다진 마늘 1/3작은술, 올리고당 1/3작은술, 고춧가루 1/3작은술, 후춧가루 1/3작은술, 물 2큰술

보관하기 작은 통 3~4개에 나눠 담아 냉장고에 보관했다가 도시락을 쌀 때 전자레인지에 데워 담는다.

스피드 반찬

표고버섯볶음

44kcal
1회분 30g

표고버섯은 볶아도 물이 거의 생기지 않아 도시락 반찬으로 좋아요.
기둥 끝부분만 잘라내고 도톰하게 저며 양파와 볶으면 담백해요.

1 버섯, 양파 썰기
표고버섯은 기둥의 끝부분을 잘라내고 도톰하게 저며 썬다. 양파는 채 썬다.

2 양파 볶기
달군 팬에 올리브오일을 두르고 양파를 넣어 볶는다.

3 버섯 넣어 볶기
표고버섯을 넣어 볶다가 양념을 넣어 살짝 더 볶는다.

재료_ 약 5회분 221kcal

표고버섯 150g, 양파 50g, 올리브오일 1큰술
양념 간장 1/2작은술, 맛술 1/2작은술, 굴소스 1/2작은술

보관하기 2~3회 분량씩 나눠 담아 냉장고에 보관한다.

오이볶음

28kcal
1회분 30g

오이를 식초에 잠시 절인 후 꽉 짜서 볶으면 아삭한 맛이 좋아요.
다진 쇠고기를 같이 볶아 맛과 영양을 높였어요.

① 오이 절이기
오이는 얇고 동그랗게 썬다. 식초를 뿌려 살짝 절인 후 물기를 꼭 짠다.

② 쇠고기 볶기
팬에 올리브오일을 두르고 다진 쇠고기와 양념을 넣어 볶는다.

③ 오이 넣어 볶기
절인 오이를 넣어 살짝 더 볶는다.

재료 _ 약 6회분 167kcal

오이 180g, 식초 1큰술, 다진 쇠고기 30g, 올리브오일 1작은술

양념 다진 마늘 1/2작은술, 맛술 1/2작은술, 소금 1/3작은술, 후춧가루 1/3작은술

보관하기 한 김 식혀 밀폐용기에 담아 냉장고에 보관한다. 볶은 오이의 색이 변할 수 있으니 되도록 빨리 먹는다.

스피드 반찬

꽈리고추무침

17kcal
1회분 20g

꽈리고추를 데쳐 들기름과 고춧가루로 가볍게 무쳤어요.
매콤한 맛이 입 안을 개운하게 해요.

1 꽈리고추 썰기
꽈리고추는 꼭지를 뗀 후, 어슷하고 길쭉하게 반으로 썬다

2 데치기
꽈리고추를 뜨거운 물에 30초 정도 담가 두었다가 체에 밭쳐 물기를 뺀다.

3 무치기
꽈리고추에 양념을 넣어 가볍게 무친다.

재료_ 약 7회분 125kcal

꽈리고추 150g

양념 액젓 1/2작은술, 들기름 1작은술, 고춧가루 1작은술, 통깨 1/2작은술

보관하기 초록색을 유지하려면 열기를 완전히 뺀 후 밀폐용기에 담는다.

미역무침

22kcal
1회분 30g

마른미역을 물에 담가 부드럽게 불려두면 다양한 반찬으로 활용할 수 있어요.
새콤하게 무치면 입맛을 돋우고 소화를 도와요.

1 미역 썰기
불린 미역은 물기를 꽉 짜고 잘게 썬다.

2 당근 썰기
당근은 적당한 길이로 채 썬다.

3 무치기
미역과 당근에 양념을 넣어 무친다.

재료_ 약 7회분 155kcal

불린 미역 200g, 당근 30g
양념 참기름 1/2큰술, 간장 1/2작은술, 통깨 1작은술, 다진 마늘 1/2작은술, 식초 1작은술

보관하기 미역은 꼭 짜서 무쳐도 국물이 생길 수 있다. 한두 번 먹을 양씩 나눠 담는다.

Cooking rice
다이어트에 좋은 밥 짓기

흰쌀밥을 현미밥, 잡곡밥으로 바꾸면 속도 편하고 칼로리도 줄일 수 있다. 현미, 콩, 귀리, 톳, 곤약쌀 등 다양한 재료로 변화를 주면 다이어트가 즐겁다. 한 번 밥을 지을 때 3~4회 먹을 수 있게 지어 식힌 후 냉동 보관했다가 먹기 전에 전자레인지로 데우는 것도 좋은 방법이다.

현미밥
발아현미로만 지어 구수한 맛이 나요

193kcal
1회분 100g

재료_약 3회분 637kcal
발아현미 1컵(220g), 물 1컵

만들기
1 발아현미를 씻는다.
2 솥에 안치고 물을 부어 밥을 짓는다.

콩현미밥
콩의 구수함이 더해져 씹을수록 맛있어요

164kcal
1회분 100g

재료_약 6회분 953kcal
발아현미 1컵(220g), 검은콩 1/2컵(70g), 물 2컵

만들기
1 발아현미와 검은콩을 섞어 씻는다.
2 솥에 안치고 물을 부어 밥을 짓는다.

표고버섯현미밥

표고버섯과 발아현미를 섞어 지은 별미 밥이에요

재료_약 4회분 830kcal
발아현미 1컵(220g), 표고버섯 60g(중간 것 3개), 물 1컵

만들기
1 발아현미를 씻는다.

2 표고버섯은 기둥의 끝부분만 잘라내고 저며 썬다.

3 현미를 안치고 표고버섯을 얹은 뒤 물을 부어 밥을 짓는다.

톳현미밥

밥에 넣을 수 있게 손질된 마른 톳을 이용해요

재료_약 3회분 655kcal
발아현미 1컵(220g), 마른 톳 15g, 물 1½컵

만들기
1 발아현미와 톳을 섞어 씻은 후 잠시 둔다.

2 솥에 안치고 물을 부어 밥을 짓는다.

곤약쌀현미밥

쌀 모양의 곤약쌀을 섞어 칼로리가 낮아요

재료_약 4회분 408kcal
발아현미 1/2컵(110g), 곤약쌀 1컵(200g), 물 1컵

만들기
1 발아현미는 씻고, 곤약쌀은 체에 담아 물을 부어가며 헹군다.

2 솥에 현미와 곤약쌀을 안치고 물을 부어 밥을 짓는다.

귀리밥

쌀을 섞어 귀리의 거친 느낌을 줄였어요

214kcal
1회분 100g

재료 _ 약 4회분 987kcal

쌀 1/2컵(90g), 귀리 1컵(180g), 물 2컵

만들기

1 쌀과 귀리를 씻어 잠시 둔다.

2 솥에 안치고 물을 부어 밥을 짓는다.

*쌀의 양을 줄이거나 귀리를 갈아서 밥을 지어도 좋다.

귀리현미밥

오래 씹을수록 구수한 맛이 나요

172kcal
1회분 100g

재료 _ 약 5회분 891kcal

발아현미 1컵(220g), 귀리 1/2컵(90g), 물 2컵

만들기

1 귀리와 발아현미를 씻어 잠시 둔다.

2 솥에 안치고 물을 부어 밥을 짓는다.

귀리고구마밥

귀리와 쌀에 달콤한 고구마를 넣어 맛있어요

152kcal
1회분 100g

재료 _ 약 5회분 806kcal

쌀 1/2컵(90g), 귀리 1/2컵(90g), 고구마 100g, 물 1½컵

만들기

1 귀리와 쌀을 씻어 잠시 둔다.

2 고구마는 씻어 껍질째 적당한 크기로 썬다.

3 귀리와 쌀을 안치고 고구마를 얹는다. 물을 부어 밥을 짓는다.

곤드레귀리밥
부드러운 곤드레나물과 귀리로 지어 구수해요

162kcal
1회분 100g

재료_약 5회분 812kcal
쌀 1/2컵(90g), 귀리 1/2컵(90g), 삶은 곤드레 50g, 물 1컵

만들기
1 쌀과 귀리를 씻어 잠시 둔다.
2 솥에 안치고 곤드레나물을 얹고 물을 부어 밥을 짓는다.

퀴노아밥
퀴노아로만 밥을 지어 톡톡 씹는 맛이 있어요

198kcal
1회분 100g

재료_약 3회분 655kcal
퀴노아 1컵(186g), 물 1½컵

만들기
1 퀴노아를 씻어 잠시 둔다.
2 솥에 안치고 물을 부어 밥을 짓는다.

퀴노아현미밥
단백질이 많은 퀴노아와 발아현미를 섞었어요

211kcal
1회분 100g

재료_약 4회분 951kcal
발아현미 1컵(220g), 퀴노아 1/3컵(60g), 물 1½컵

만들기
1 발아현미와 퀴노아를 씻어 잠시 둔다.
2 솥에 안치고 물을 부어 밥을 짓는다.

찾아보기

| 가나다순

ㄱ

검은콩곤약조림 155
게살연두부수프 116
고구마달걀샐러드 52
고구마스프레드 72
곤드레귀리밥 171
곤드레귀리밥달걀롤 108
곤약쌀현미밥 169
과카몰리 88
관자토마토수프 84
구운가지샐러드 60
구운버섯샐러드 62
귀리고구마밥 170
귀리밥 170
귀리현미밥 170
그릭샐러드 44
그린리코타샐러드 58
꽈리고추무침 166

ㄷ

단호박죽 118
달걀말이 162

달걀반숙장조림 151
닭카레볶음 142
돼지고기볶음 122
되비지탕 126
두부구이 161
두부구이톳현미밥 98
두부시금치샐러드 66
땅콩조림 154

ㄹ

루콜라대구샐러드 46

ㅁ

마늘종장아찌 156
마파두부 124
멸치볶음 148
미역무침 167
미역줄기볶음 159

ㅂ

바게트불고기샌드위치 80
방울토마토샐러드 82

버섯볶음 132
버섯스크램블드에그 78
베이글샌드위치 70
브로콜리오징어샐러드 64
브리치즈토스트 72
블루베리주스 74
비빔다시마국수 106

ㅅ

새우가지카레 130
새우볶음두부국수 102
쇠고기장조림 150
쇠고기찹스테이크 136
시래기볶음 158

ㅇ

아보카도샐러드 48
안심양배추롤 140
애호박구이 160
애호박닭고기샐러드 54
양배추절임 70
양파피클 157

어묵볶음 163
어향가지덮밥 110
연근조림 153
연어곤약쌀밥 96
연어구이 128
오이볶음 165
오징어간장볶음 134
오징어주키니파스타 114
오징어채볶음 149
오징어초무침 138
우엉채조림 152

ㅊ
참치된장무침 144
치아바타BLT 74

ㅋ
콜라비연어샐러드 50
콩쇠고기스테이크 104
콩현미밥 168
퀴노아밥 171
퀴노아오믈렛 100

퀴노아팬케이크 92
퀴노아현미밥 171

ㅌ
토르티야치킨랩 86
토르티야피자 88
토마토주스 76
톳현미밥 169
통곡물빵구이 84
통밀빵러스크 82

ㅍ
파인애플주스 80
파프리카쇠고기샐러드 56
포두부닭고기말이 112
표고버섯볶음 164
표고버섯현미밥 169
플레인팬케이크 90

ㅎ
현미밥 168
호밀빵등심샌드위치 76
호밀빵버거 78

• 리스컴이 펴낸 책들 •

• 요리

그대로 따라 하면 엄마가 해주시던 바로 그 맛
한복선의 엄마의 밥상

일상 반찬, 찌개와 국, 별미 요리, 한 그릇 요리, 김치 등 웬만한 요리 레시피는 다 들어있어 기본 요리 실력 다지기부터 매일 밥상 차리기까지 이 책 한 권이면 충분하다. 누구든지 그대로 따라 하기만 하면 엄마가 해주시던 바로 그 맛을 낼 수 있다.

한복선 지음 | 312쪽 | 188×245mm | 16,800원

맛있는 밥을 간편하게 즐기고 싶다면
뚝딱 한 그릇, 밥

덮밥, 볶음밥, 비빔밥, 솥밥 등 별다른 반찬 없이도 맛있게 먹을 수 있는 한 그릇 밥 76가지를 소개한다. 한식부터 외국 음식까지 메뉴가 풍성해 혼밥으로 별식으로, 도시락으로 다양하게 즐길 수 있다. 레시피가 쉽고, 밥 짓기 등 기본 조리법과 알찬 정보도 가득하다.

장연정 지음 | 216쪽 | 188×245mm | 14,000원

기초부터 응용까지 이 책 한권이면 끝!
한복선의 친절한 요리책

요리 초보자를 위해 최고의 요리 전문가 한복선 선생님이 나섰다. 칼 잡는 법부터 재료 손질, 기본양념, 맛내기까지 요리의 기본기와 조리 비법을 엄마처럼 꼼꼼하고 친절하게 알려준다. 국, 찌개, 반찬, 한 그릇 요리, 김치 등 대표 가정요리 221가지 레시피가 들어있다.

한복선 지음 | 308쪽 | 188×254mm | 15,000원

맛과 영양을 담은 피클·장아찌·병조림 60가지
자연으로 차린 사계절 저장식

맛있고 건강한 홈메이드 저장식을 알려주는 레시피북. 기본 피클, 장아찌부터 아보카도장이나 낙지장 등 요즘 인기있는 레시피까지 모두 수록했다. 제철 재료 캘린더, 조리 팁까지 꼼꼼하게 알려줘 요리 초보자도 실패 없이 맛있는 저장식을 만들 수 있다.

손성희 지음 | 176쪽 | 188×235mm | 14,000원

후다닥 쌤의
후다닥 간편 요리

구독자 수 37만 명의 유튜브 '후다닥요리'의 인기 집밥 103가지를 소개한다. 국찌개, 반찬, 김치, 한 그릇 밥·국수, 별식과 간식까지 메뉴가 다양하다. 저자가 애용하는 양념, 조리도구, 조리 비법을 알려주고, 모든 메뉴에 QR코드를 수록해 동영상도 볼 수 있다.

김연정 지음 | 248쪽 | 188×245mm | 16,000원

먹을수록 건강해진다!
나물로 차리는 건강밥상

생나물, 무침나물, 볶음나물 등 나물 레시피 107가지를 소개한다. 기본 나물부터 토속 나물까지 다양한 나물반찬과 비빔밥, 김밥, 파스타 등 나물로 만드는 별미요리를 담았다. 메뉴마다 영양과 효능을 소개하고, 월별 제철 나물, 나물요리의 기본요령도 알려준다.

리스컴 편집부 | 160쪽 | 188×245mm | 12,000원

치료 효과 높이고 재발 막는 항암요리
암을 이기는 최고의 식사법

암 환자들의 치료 효과를 높이고 재발을 막는 데 도움이 되는 음식을 소개한다. 항암치료 시 나타나는 증상별 치료식과 치료를 마치고 건강을 관리하는 일상 관리식으로 나눠 담았다. 항암 식생활, 항암 식단에 대한 궁금증 등 암에 관한 정보도 꼼꼼하게 알려준다.

마켓온오프 지음 | 280쪽 | 188×245mm | 18,000원

소문난 레스토랑의 맛있는 비건 레시피 53
오늘, 나는 비건

소문난 비건 레스토랑 11곳을 소개하고, 그곳의 인기 레시피 53가지를 알려준다. 파스타, 스테이크, 후무스, 버거 등 맛있고 트렌디한 비건 메뉴를 다양하게 담았다. 레스토랑에서 맛보는 비건 요리를 셰프의 레시피 그대로 집에서 만들어 먹을 수 있다.

김홍미 지음 | 204쪽 | 188×245mm | 15,000원

영양학 전문가의 맞춤 당뇨식
최고의 당뇨 밥상

매일 맛있게 먹을 수 있는 당뇨 레시피 120가지를 소개한다. 모든 메뉴는 당질은 줄이고 식이섬유는 늘린 맞춤 레시피로 먹기만 해도 혈당이 내려간다. 당뇨 관리법과 당뇨에 대한 오해 등 당뇨 환자와 그 가족들이 궁금해하는 당뇨 정보도 꼼꼼하게 담았다.

마켓온오프 지음 | 256쪽 | 188×245mm | 16,000원

천연 효모가 살아있는 건강빵
천연발효빵

맛있고 몸에 좋은 천연발효빵을 소개한 책. 홈 베이킹을 넘어 건강한 빵을 찾는 웰빙족을 위해 과일, 채소, 곡물 등으로 만드는 천연발효종 20가지와 천연발효종으로 굽는 건강빵 레시피 62가지를 담았다. 천연발효빵 만드는 과정이 한눈에 들어오도록 구성했다.

고상진 지음 | 328쪽 | 188×245mm | 19,800원

• 건강

국내 최고 의료진과 전문 영양사의 처방
비만클리닉, 똑똑한 레시피로 답하다

분당서울대학교병원 의료진과 영양사가 알려주는 비만의 모든 것. 비만의 원인과 비만으로 생기는 질병, 소아비만과 노인 비만, 올바른 식이요법과 운동법, 약물 치료와 수술 등을 상세히 알려준다. 각 음식과 한 끼, 하루 식단에 칼로리와 나트륨, 영양 구성도 표시했다.

분당서울대학교병원·한화호텔앤드리조트 지음 | 320쪽
188×245mm | 18,000원

아침 5분, 저녁 10분
스트레칭이면 충분하다

몸은 튼튼하게 몸매는 탄력있게 가꿀 수 있는 스트레칭 동작을 담은 책. 아침 5분, 저녁 10분이라도 꾸준히 스트레칭하면 하루하루가 몰라보게 달라질 것이다. 아침저녁 동작은 5분을 기본으로 구성, 좀 더 체계적인 스트레칭 동작을 위해 10분, 20분 과정도 소개했다.

박서희 지음 | 88쪽 | 215×290mm | 8,000원

라인 살리고, 근육과 유연성 기르는 최고의 전신 운동
필라테스 홈트

필라테스는 자세 교정과 다이어트 효과가 매우 큰 신체 단련 운동이다. 이 책은 전문 스튜디오에 나가지 않고도 집에서 얼마든지 필라테스를 쉽게 배울 수 있는 방법을 알려준다. 난이도에 따라 15분, 30분, 50분 프로그램으로 구성해 누구나 부담 없이 시작할 수 있다.

박서희 지음 | 128쪽 | 215×290mm | 11,200원

하루 20분, 평생 살찌지 않는 완벽 홈트
오늘부터 1일

평생 살찌지 않는 체질을 만들어주는 여성용 셀프PT 가이드북. 스타트레이너 김지훈이 군살은 쏙 빠지고 보디라인은 탄력 있게 가꿔주는 하루 20분 운동을 소개한다. 하루 20분 운동으로 굶지 않고 누구나 부러워하는 늘씬한 몸매를 만들어보자.

김지훈 지음 | 280쪽 | 188×245mm | 16,000원

남자들을 위한 최고의 퍼스널 트레이닝
1일 20분 셀프PT

혼자서도 쉽고 빠르게 원하는 몸을 만들도록 돕는 PT 가이드북. 내추럴 보디빌딩 국가대표가 기본 동작부터 잘못된 자세까지 차근차근 알려준다. 오늘부터 하루 20분 셀프PT로 남자라면 누구나 갖고 싶어하는 역삼각형 어깨, 탄탄한 가슴, 식스팩, 강한 하체를 만들어보자.

이용현 지음 | 192쪽 | 188×230mm | 14,000원

• 취미 | 인테리어

119가지 실내식물 가이드
실내식물 죽이지 않고 잘 키우는 방법

반려식물로 삼기 적합한 119가지 실내식물의 특징과 환경, 적절한 관리 방법을 알려주는 가이드북. 식물에 대한 정보를 위치, 빛, 물과 영양, 돌보기로 나누어 보다 자세하게 설명한다. 식물을 키우며 겪을 수 있는 여러 문제에 대한 해결책도 제시한다.

베로니카 피어리스 지음 | 144쪽 | 150×195mm | 14,000원

오늘, 허브를 심자!
허브와 함께하는 생활

키우기 쉽고 활용하기 좋은 허브 8가지를 골라 키우는 법과 활용하는 법을 소개한다. 건강관리, 미용, 요리 등 생활 전반에 다양하게 활용할 수 있다. 침출액, 팅크제, 찜질 등 구체적인 방법과 꼼꼼한 팁까지, 허브에 대한 알찬 정보가 가득하다.

야마모토 마리 지음 | 이민숙 옮김 | 168쪽
172×235mm | 14,000원

우리 집을 넓고 예쁘게 꾸미는 아이디어
공간 디자인의 기술

집 안을 예쁘고 효율적으로 꾸미는 방법을 인테리어의 핵심인 배치, 수납, 장식으로 나눠 알려준다. 포인트를 콕콕 짚어주고 알기 쉬운 그림을 곁들여 한눈에 이해할 수 있다. 결혼이나 이사를 하는 사람을 위해 집 구하기와 가구 고르기에 대한 정보도 자세히 담았다.

가와카미 유키 지음 | 240쪽 | 170×220mm | 15,000원

내 집은 내가 고친다
집수리 닥터 강쌤의 셀프 집수리

집 안 곳곳에서 생기는 문제들을 출장 수리 없이 내 손으로 고칠 수 있게 도와주는 책. 집수리 전문가이자 인기 유튜버인 저자가 25년 경력을 통해 얻은 노하우를 알려준다. 전 과정을 사진과 함께 자세히 설명하고, QR코드를 수록해 동영상도 볼 수 있다.

강태운 지음 | 272쪽 | 190×260mm | 22,000원

만들기 쉽고 예쁜
심플 원피스

직접 만들어 예쁘게 입는 나만의 베이직 원피스. 여자들의 필수 아이템인 27가지 스타일 원피스를 자세한 일러스트 과정과 함께 상세히 설명했다. 실물 크기 패턴도 함께 수록되어있어 재봉틀을 처음 배우는 초보자라도 만들 수 있다.

부티크 지음 | 122쪽 | 210×256mm | 13,000원

하루 한 끼
다이어트 도시락

지은이 | 최승주
요리 어시스트 | 성승은
칼로리 계산 | 곽지민(영양사)

사진 | 김현희
촬영 진행 | 하은경

편집 | 김연주 이희진
디자인 | 이미정
마케팅 | 김종선 이진목
경영관리 | 서민주

인쇄 | 금강인쇄

초판 1쇄 | 2021년 6월 25일
초판 3쇄 | 2022년 5월 3일

펴낸이 | 이진희
펴낸곳 | (주)리스컴

주소 | 서울시 강남구 밤고개로 1길 10, 수서현대벤처빌 1427호
전화번호 | 대표번호 02-540-5192
　　　　　　영업부 02-540-5193
　　　　　　편집부 02-544-5922 / 544-5933
FAX | 02-540-5194
등록번호 | 제2-3348

이 책은 저작권법에 의하여 보호를 받는 저작물이므로
이 책에 실린 사진과 글의 무단 전재 및 복제를 금합니다.
잘못된 책은 바꾸어 드립니다.

ISBN 979-11-5616-225-4 13590
책값은 뒤표지에 있습니다.

블로그
blog.naver.com/leescomm

인스타그램
instagram.com/leescom

유튜브
www.youtube.com/c/leescom

유익한 정보와 다양한 이벤트가 있는 리스컴 SNS 채널로 놀러오세요!